INTERVJUER MED LEGENDARISKA FÖRFATTARE FRÅN ANDRA SIDAN

Cathy McGough

Stratford Living Publishing

Vad läsarna säger...

"Läs den här boken och lägg på så sätt ytterligare en dimension till ditt nöje och dessa stora författares verk. Genom noggrann research och en del själslig fantasi väcker Cathy McGough dem alla till liv. Efter att ha läst den här boken kommer läsaren alltid att ha intrycket av att vara i kontakt med sin favoritförfattares ord. De kommer inte bara att läsa hans verk utan också njuta av den där extra dimensionen: känslan av att bli uppläst."

A. R. (David) Lewis, författare till: "The Cup and Saucer Tree" och "A Field of Red Poppies".

"Jag växte upp med att njuta av dessa poeters och författares innerliga texter! Många gånger har jag önskat att jag kunde ha lärt känna dem som personerna själva utanför deras ord på papper. Cathy McGough fick detta att hända!"

Amazon-recensent

"Jag älskade intervjuformatet och de bitar av poeternas och författarnas liv som jag aldrig kände till. Jag älskade de roliga mellansnacken med Madame Delatour och berättaren. Även om jag hade stött på och läst nästan alla författare/poeter i den här boken lärde jag mig något nytt eller underhållande om var och en av dem och jag hittade faktiskt en som jag VILL läsa!"

Amazon-recensent

"En charmig och engagerande samling författarbiografier. Cathy McGough introducerar de stora med hjälp av den synska Madame Delatour. Varje intervju har samma elektricitet som en seans när etern öppnas för att avslöja en annan författare som återvänder för en vänlig pratstund. Cathy fångar essensen hos författarna och lyfter fram deras styrkor och svagheter. Varje enhet är uppenbarligen bekant och kära för hennes hjärta. Den här boken är ett måste om man vill lära sig mer om kända författare på ett minnesvärt sätt eller helt enkelt bara hylla dem."

Jo Janoski, författare till: "Tea and Chocolates" och "Faithful". Fotograf, Janoski Studio Pittsburgh Photography

"Författaren har gjort en otrolig mängd efterforskningar om framstående poeters och författares liv och skrifter och presenterat dem på ett intelligent sätt med fiktiva intervjuer och en engagerande samling skrifter. Den humoristiska presentationen av anekdoter fångade min fantasi och uppmärksamhet från början till slut."

Amazon-recensent

"En förtjusande grundbok för alla läsare som är intresserade av att lära känna några av världens största engelskspråkiga författare. Den är full av noggrant undersökta historiska fakta, och den humoristiska framställningen och de överraskande anekdoterna fick mig att vända blad. En annan sak som jag verkligen uppskattade var de fysiska beskrivningarna av författaren. Från Stephen Leacocks humor till inspirationen från Rudyard Kipling var denna bok en fantastisk läsning."

Amazon-recensent

"En blandning av historia och litteratur. Cathy McGoughs unika stil fångar din fantasi. Hon tar dig med till de största författarna som världen har skådat. Det är ett äventyr som du inte kommer att glömma."

Walter L. Jones, ägare av Jones Outlet

"Ett utmärkt jobb med att omvandla biografier av ikoniska litterära namn till en intressant och otrolig samling. Det var en rolig läsning som fångade min fantasi och höll min uppmärksamhet hela vägen igenom. Rekommenderas till alla bokmalar!"

Amazon-recensent

"Mycket hårt arbete gick in i den här boken. Jag gillade särskilt Edgar Allan Poe-intervjun. Det här skulle vara användbart för gymnasieelever för att hjälpa dem att lära sig mer om jättarna i den litterära världen."

Amazon-granskare

"Jag är poet, så jag uppskattade att McGough har gett poeterna en så framträdande plats i den här

boken som använder humor för att lyfta fram dessa
"legendariska författare"."
   Amazon-recensent
   "Ett måste för alla som är genuina litteraturälskare!"
   Amazon-recensent

Innehåll

Inledning

"Den här boken kommer att göra dig till en resenär."
John Bunyan. The Pilgrim's Progress
Kära **läsare,**

Jag vill ta tillfället i akt att personligen tacka två av mina favoritlärare på high school. De är mr Mavor och mr Hurley. Båda på Central Secondary High School i Stratford, Ontario, Kanada. Tillsammans introducerade de mig till många av de författare som jag har intervjuat för min bok.

Jag skulle vara missnöjd om jag inte också tackade Stratfordfestivalen. Det har varit ett privilegium och en ära att få möjlighet att se LIVE TEATER precis utanför dörren i hela mitt liv.

Jag hoppas att du kommer att tycka om att läsa mina intervjuer, lika mycket som jag tyckte om att skriva dem!

Trevlig läsning!
Cathy McGough
Din intervjuare av legendariska författare från bortom

Förord AV CHRISTOPHER INGHAM M Ed., B Ed., TSTC

Det är en sorglig kommentar till den samtida litteraturvetenskapen att man sällan stöter på kritiska eller biografiska texter som speglar den gränslösa glädje som vi som hade turen att vara tonåringar på 1960-talet upplevde när vi för första gången upptäckte författare av Dickens, Wilkie Collins, Dostojevskij, Coleridge och Poe.

Med ett möjligt undantag för Harold Bloom verkar så mycket av det som vi politiskt inkorrekta kallar "den stora litteraturen" vara ideologiskt grundat.

Man kan misstänka att dagens kritiker är så inskränkta av den rådande akademiska ortodoxins krav att de antingen har förlorat förmågan att glädjas åt "legendariska författares" verk eller att de är för rädda för att låta sig uppslukas av de fantasifulla världar som dessa författare har skapat. På samma sätt verkar det som om biograferna också känner ett behov av att placera in dessa författares liv i något slags ideologiskt sammanhang som påstås ligga till grund för deras författarskap i en sådan utsträckning att fantasin i deras konst ofta nedvärderas.

Efter att ha blivit så cynisk över hur samtida kritiker och biografer förhåller sig till "legendariska författare", särskilt de från 1800-talet, blev jag glatt överraskad när jag snubblade över Cathy McGoughs fascinerande verk "INTERVJUER MED LEGENDARISKA FÖRFATTARE FRÅN ANDRA SIDAN".

Här var äntligen en författare som inte är rädd för att dela med sig av sin glädje över liv och verk av dem som så uppenbart har gett henne nöje under hela hennes läsliv. Jag började med och förstå vart och ett av hennes ämnen att jag läste boken från pärm till pärm på lite mer än en enda sittning.

Även om det finns många underbara aspekter i den här boken måste jag kommentera tre som sticker ut. För det första fungerar tekniken att använda Madame Delatour, ett medium, som ett medel Intervjuer med legendariska författare från bortom för att väcka dessa författare till liv extremt bra och med tanke på viktorianernas intresse för spiritualism ger denna teknik ytterligare en dimension till verket.

För det andra bidrar Cathys fantasifulla interaktion med författarna i delar av världen som är verkliga och viktiga för henne till att skapa en känsla av omedelbarhet som är avgörande för att ge liv åt dessa gestalter från det förflutna.

För det tredje, och viktigast av allt, är det sätt på vilket Cathy, genom att uppmuntra författarna att inte bara tala om sig själva och sitt författarskap utan också läsa och presentera delar av sina verk, har hittat ett sätt att introducera sina läsare till verk av varje författare som de kanske inte känner till. Att hon dessutom ger en lista över sina favoritverk av varje författare borde uppmuntra läsaren att utforska några av dessa verk.

Jag tror att den här boken kommer att bli en mycket värdefull referens inte bara för lärare och studenter utan också för de läsare som tidigare har gått miste om dessa "legendariska författares" verk och som nu kan uppmuntras att dela Cathys glädje och entusiasm för dessa extraordinära författares kreativa geni. Jag kommer med all säkerhet att rekommendera den här boken till mina litteraturstudenter i årskurs 11 och 12.

Jag kan inte avsluta detta förord utan att uppmana Cathy att utvidga och fördjupa denna bok genom att intervjua författare som Thomas Hardy, D.H. Lawrence, systrarna Bronte och Jane Austen. Ännu mer fascinerande vore naturligtvis ett möte med Robert Browning, som var så skeptisk till spiritism att han skrev den underbara dikten Mr,

"The Medium". Ett möte mellan Browning, Cathy och Madame Delatour skulle vara fascinerande.

Christopher Ingham M Ed, B Ed, TSTC
Head of English vid The Hamilton and Alexandra
College, Victoria, Australien, och poet på fritiden.

LÄRA KÄNNA DITT MEDIUM

Eftersom vi ger oss ut på detta äventyr tillsammans är det mycket lämpligt för oss att ta med en intervju med den person som har hjälpt till att göra denna bok möjlig: min vän Madame Delatour.

Ni kanske frågar er varför ni inte har sett Madame Delatour tidigare och undrar kanske varför vi inte tog tillfället i akt och inkluderade ett fotografi av henne i denna bok.

Tyvärr är det inte möjligt. Madame Delatours "gåva" gör henne nämligen ofotogen. Faktum är att hon kan förlora några eller alla sina krafter om någon flashar henne. Därför ber vi er att hålla kamerorna borta i hennes närvaro, mina damer och herrar.

Och på tal om herrar, många som har läst en del av denna bok i form av en kolumn (för att inte tala om minst en av våra legendariska författare från bortom) har frågat - om vår Madame Delatour är gift eller knuten på något sätt. Jag försäkrar er att hon är singel.

Madame Delatour föddes den 31 december 1950 i Paris, Frankrike. Hon har aldrig varit gift och söker en partner som inte blir avundsjuk på hennes speciella förmågor. Hon har en svaghet för män med skotsk accent (som du själv kommer att se när vi träffar Robbie Burns.) Om du vill korrespondera med Madame Delatour, vänligen gör det via vår utgivare. Bifoga ett foto av dig själv samt en bestyrkt kopia av din nettoförmögenhet. Madame Delatour kommer bara att svara på de herrar som har "The Right Stuff".

Först måste jag notera att Madame Delatour och jag hade ord om platsen för vår intervju. Jag föreslog min enkla boning eftersom den var tillräckligt bra för Shelley, Coleridge, Longfellow och andra, men hon tyckte att min idé var befängd. Hon ville bli bortskämd, så jag bestämde mig för att lägga ut en slant!

Just nu kretsar vi kring staden Sydney i Australien och kopplar av på den fina och eleganta (för att inte tala om dyra) restaurangen "Centrepoint", som har fått sitt passande namn efter sitt läge.

Madame Delatour är uppklädd till tänderna för tillfället. Hon bär en svulstig aftonklänning i guldlamé med hundratals, kanske tusentals, paljetter i form av spegelbollar och ett par svarta lackskor med fem centimeter hög klack. Hon har stora dinglande örhängen i guld och flera armband på varje handled. Madame Delatour tornar upp sig över mig, eftersom jag bara är 1,5 meter lång, jämfört med hennes barfota 1,8 meter.

När vi går mot vårt bord är det inte förvånande att alla vänder sig om för att titta på oss. Madame Delatours örhängen och armband gör sin vanliga musik i takt med våra steg när vi eskorteras till vårt bord. Vi sätter oss relativt snabbt och suckar unisont när vi ser ner på Sydney i all sin nattliga prakt.

Ljusen blinkar så långt ögat kan nå och runt omkring oss ansluter sig stjärnorna och verkar tävla med jordens ljus om vilka som är starkast. Madame Delatour (eller Blanchetta som vi kommer att kalla henne hädanefter) beställer inte bara en, utan två Mai Tai, båda för eget bruk. Jag beställer en Black Russian och sedan börjar vår intervju.

Q: Blanchetta, hur upptäckte du först din unika "gåva"?

A: Jag upptäckte den första gången när jag var fyra år gammal. Min farfar köpte en trehjuling till mig och han brukade knuffa mig när jag åkte på den, och tillsammans skrattade och lekte vi. Det var en mycket speciell tid och jag älskade honom innerligt. Varje gång jag ringde i den gyllene klocka som han hade fäst vid styret ropade han "Se upp allihop, Etta kommer!" Etta var hans speciella namn för mig.

Strax efter att jag hade firat min fjärde födelsedag dog min farfar. Efter det vägrade jag att gå i närheten av min trehjuling. Mina föräldrar gjorde allt för att uppmuntra mig att cykla, eftersom de visste att jag hade älskat det så mycket, men jag kunde inte. Jag ville inte. (Redan som litet barn var jag mycket viljestark och envis när det passade mig). I det här fallet, utan min farfar, hade trehjulingen förlorat allt sitt syfte.

En eftermiddag när jag var ute på bakgården började det spotta. Jag ville inte gå in. Min trehjuling stod ute på gården och såg ensam ut utan mig. Jag ville inte att den skulle bli blöt. Jag var rädd att regnet skulle skada klockan. Jag var säker på att min farfar inte skulle gilla min försumlighet.

Så jag började knuffa på den, och snart började tårarna rinna nerför mitt ansikte. Jag saknade min farfar och längtade efter att få höra honom ropa mitt namn. Ingen kallade mig "Etta" längre. Det var som om en del av mig hade dött med honom.

Farfar tog sig alltid tid för mig och utan honom kände jag mig ensam. Jag tittade upp mot himlen och ringde trotsigt i klockan. Jag ringde och ringde medan tårarna rann nerför mitt ansikte. Regndropparna stämde in, nästan som om de visste hur ensamt och eländigt mitt liv var utan honom.

Plötsligt låg hans händer på mina axlar och han sa: "Se upp allihop, Etta kommer!" och jag ringde i klockan och han knuffade mig, och vi skrattade och lekte, och regnet föll allt hårdare.

Blanchetta tog fram en näsduk ur sin handväska och torkade tårarna ur ögonen. Hon snöt sig i näsan på ett tubaliknande sätt, så högt att alla vände sina huvuden mot oss och stirrade. Jag gick runt i rummet och kämpade mot tårarna samtidigt som jag klappade Blanchettas hand. Hon var otröstlig, så jag beställde en Mai Tai till.

Blanchetta kastade tillbaka den och fortsatte sedan med sin berättelse.

Jag visste då att jag hade en speciell gåva. Men jag var rädd för vad som skulle hända om jag berättade det för någon, så jag höll det hemligt.

Q: Använde du någonsin din "gåva" för att hjälpa till med läxor och prov?

A: Ja, det måste jag erkänna att jag gjorde. Min första erfarenhet av att läsa en av William Shakespeares pjäser var i L'Ecole. Vår lärare valde pjäsen "Som ni vill ha det" och jag kunde inte för mitt liv förstå den. Varför vår läroplan innehöll en så svår pjäs kommer jag aldrig att få veta.

Så jag kontaktade "The Bard" själv för att få min egen personliga handledare. Jag berättade för honom om mina problem med att förstå "Som ni vill ha det" - och Mr Shakespeare blev Jacques och reciterade sin monolog med passion. Jag kan fortfarande se honom framför mig idag:

SOM DU LIKER DET

Akt II, scen VII

Hela världen är en scen,

Och alla män och kvinnor är bara spelare;

De har sina utgångar och sina ingångar,

Och en man i sin tid spelar många roller,

Hans handlingar är sju åldrar. Först spädbarnet,

mjauande och kräkande i sköterskans armar.

Sen den gnällande skolpojken, med sin skolväska

Och skinande morgonansikte, kryper som snigel

Ovilligt till skolan. Och så älskaren,
Suckande som en ugn, med en sorglig ballad
Gjord till sin älskarinnas ögonbryn. Sedan en soldat,
Full av märkliga eder och skäggig som parden
Svartsjuk på ära, plötslig och snabb i gräl,
Söker det bubblande ryktet
Till och med i kanonens mun. Och så rättvisan,
I rättvis rund mage med god kapun fodrad,
Med allvarliga ögon och skägg av formellt snitt,
Full av kloka sågar och moderna fall;
Och så spelar han sin roll. Den sjätte åldern skiftar
In i den magra och halkiga pantalongen
Med glasögon på näsan och påse på sidan;
Hans ungdomliga slang, väl räddad, en värld för
bred
För hans krympta skaft, och hans stora manliga
röst,
vänder sig igen mot barnslig diskant, pipor
Och visslar i hans ljud. Den sista scenen av alla,
Som avslutar denna märkliga händelserika historia,
Är andra barnslighet och ren glömska,
Utan tänder, utan ögon, utan smak, utan allt. (1)
Madame Delatours monolog framkallade en stående ovation från publiken. När hon steg ner från bordsskivan bugade hon sig för sin publik. Servitören kom med en flaska Dom Perignon och drog upp korken medan applåderna fortsatte. Tillsammans höjde Madame Delatour och jag våra glas som tack för gåvan från en annan matgäst och intervjun fortsatte.

Efter att Mr Shakespeare avslutat sin recitation - I GOT IT! Förutom att vara en framgångsrik dramatiker och poet hade Mr Shakespeare också dolda talanger för skådespeleri. Han bad mig att se hans verk live - närhelst det var möjligt - för att kunna uppskatta dem till fullo.

Jag förklarade hur hans verk fortfarande framförs live över hela världen. Han verkade mycket nöjd med sin långa livslängd och sedan nämnde jag debatterna under årens lopp om vem som var upphovsman till hans verk. Han verkade inte förvånad över några av de falska anklagelserna, men blev verkligen häpen när jag avslöjade att hans kära hustru Anne Hathaway skulle ha skrivit dem.

Förutom Mr Shakespeare träffade jag och talade med Albert Einstein, Alexander Graham Bell, Mahatma Gandhi, Winston Churchill och otaliga andra. Allteftersom tiden gick förstod jag, genom planering och koncentration, att jag kunde behålla mina gäster lite längre för varje kontakt jag tog. Den maximala tid jag kan behålla en gäst i dag är trettio minuter.

Q: Blev du någonsin kär i någon av dem som du kontaktade?

A: En morgon 1972 vaknade jag och Jim Morrison, den där underbara mannen som var sångare i "The Doors", låg i sängen bredvid mig! Ja, det är sant, det är sant!

Han låg där, naken från midjan och uppåt (och jag var inte säker på vilket tillstånd han befann sig i under täcket!) Han stirrade upp i taket, med båda armarna om sitt huvud och sjöng "Riders in the storm, riders in the storm, into this world we're born, into this world we're thrown, like a dog without a bone, an actor without a home, riders on the storm." (2)

Först var jag för chockad för att säga något. Jag smög blygsamt upp täcket runt halsen och rodnade ursinnigt.

Jim rullade över på sidan, stödde sig på armbågen och slutade sjunga mitt i en mening. Han såg mig djupt in i ögonen. Mitt hjärta fladdrade som en fågel i en bur. Han sa: "Jag tror att du har en fråga eller två till mig?"

Jag vred min hjärna för att komma på något att säga, men den var tom. Jag slängde ur mig något, något som var helt obegripligt, och han kastade genast av sig täcket och reste sig upp (han hade svarta byxor på sig, tack och lov!).

Han började hoppa upp och ner på min säng och sjöng "Hello, I love you won't you tell me your name, Hello I love you let me jump on your game." (3)

Jag trodde att taket skulle rasa in (för att inte tala om min säng!) Jag hörde min mamma och pappa skrika på nedervåningen "Arret Arret! Blanchetta Arret!"

Jim bara fortsatte att sjunga och hoppa, som ett barn på en trampolin. Jag skrattade hysteriskt och grät på samma gång. Jag satt som fastfrusen som en hjort i strålkastarljuset när jag hörde mamma och pappa komma uppför trappan. När de kom till min dörr började de bulta. (Lyckligtvis låste jag alltid min sovrumsdörr på natten.)

Jim vinkade, hoppade så högt han kunde och försvann in i taket. Jag har aldrig glömt vårt möte och har älskat honom ända sedan dess. Jag tittar ofta på repriser av hans framträdande i "The Ed Sullivan Show" och mitt hjärta klappar till igen. Det är det värsta med min "gåva".

Q: Menar du att när du väl har fört någon tillbaka till jorden, så kan du aldrig mer komma i kontakt med honom eller henne?

A: Ibland, när jag passerar från tidsperiod till tidsperiod, försöker människor på andra sidan fånga min uppmärksamhet. Föreställ dig att du virvlar genom tiderna och att olika döda människor, ibland onda, ibland goda och nästan alltid mycket berömda, griper tag i dig och försöker hänga på din kappsäck. De försöker tvinga dig att ta dem med dig så att de får möjlighet att komma tillbaka till det här livet - även om det bara är för några minuter.

Q: Ibland ond? Var snäll och förklara!

A: Jag ryser när jag tänker på den gången då Jack Uppskäraren tog tag i mig och försökte ta sig genom tidsportalen till nuet. Jag hade bokat tid för en intervju med Lord Tennyson, när Jack så oförskämt avbröt och försökte sabotera processen. Jag var tvungen att bryta kontakten med Mr Tennyson och kämpa för att hindra Jack från att ta kontrollen. Han var starkare än jag någonsin hade kunnat föreställa mig. Det krävdes allt jag ägde för att skaka av mig honom.

Mina tankar vandrade tillbaka till den dagen då Madame Delatour svimmade. Bara luktsalt fick henne tillbaka till oss. När hon kom till sig själv skakade hon från topp till tå. Två stora Chivas Regals - neat hjälpte till att lugna hennes nerver. Efter lite självmedicinering insisterade hon på att försöka kontakta Lord Tennyson igen.

Jag protesterade och sa att vi borde vänta tills hon hade fått gott om tid att återhämta sig, men Blanchetta utbrast: "Jack the Ripper orsakade tillräckligt med panik på sin tid för att räcka en livstid och han kommer inte att terrorisera framtiden." Intervjun med Lord Tennyson fortsatte utan problem.

Q: En poet verkar tala till dig ganska ofta: Lord Byron. Har han varit i kontakt med dig på sistone?

A: Åh ja, ja, ja. Om jag inte har någon att kontakta så är det han som kontaktar mig. Han väntar otåligt på din intervju. Han har mycket att säga och förstår att vi måste prioritera intervjuer på begäran. Han är mycket flirtig och kommer att visa sig vara ett intressant ämne.

Q: Vill du berätta för alla hur vi träffade Blanchetta?

A: Du var i Frankrike, vid Eiffeltornet. Året var 1996. Du var på en resa för att återupptäcka din musa. Jag försökte fly från min "gåva". Vi träffades vid Eiffeltornet och pratade en bra stund. Jag försökte hjälpa dig genom att citera en dikt av Charles Baudelaire:

"Inget existerar utan ett syfte.

Därför har min existens ett syfte. Vilket syfte?

Det vet jag inte.

Det är därför inte jag som har tilldelat det.

Det är därför någon som är mer lärd än vad jag är.

Därför måste jag be om att den personen ska upplysa mig.

Det är den klokaste lösningen. (4)

Medan jag talade dök Charles Baudelaire upp. Efter det blev du och jag vänner. Vi skrev till varandra och talade alltid om poesi, författare och litteratur.

Till slut bestämde vi oss för att bjuda in världen att ta del av våra Intervjuer med legendariska författare från bortom världen. Det var så idén till den här boken föddes.

I det ögonblicket kom maten och vår intervju fick ett abrupt slut. Jag hoppas ändå att ni tyckte om att träffa Madame Delatour.

Bon Appetit!

Cathy McGough

Din intervjuare av legendariska författare från bortom

LORD TENNYSON OCH J AG

Detta kapitel är tillägnat min kära mormor Mabel Cahill som introducerade mig till Tennysons poesi.

God morgon allihop! Idag ska vi få besök av vår mycket speciella gäst Alfred, Lord Tennyson som snart kommer att göra oss sällskap!

Lord Tennyson föddes 1809 och levde fram till 1892. Vid trettiotre års ålder var han lika känd som en rockstjärna eller en filmskådespelare är idag. Han fick brev från kvinnor över hela världen, unga som gamla - kvinnor som var förtjusta i hans mästerliga användning av det engelska språket (för att inte tala om hans stiliga utseende.)

Men det var inte bara kvinnorna som älskade Lord Tennysons verk. Föreställ dig unga soldater som reciterade den här dikten när de leddes in i striden:

DEN LÄTTA BRIGADENS ANFALL

En halv liga, en halv liga,
En halv liga framåt,
Alla i dödens dal
Red de sexhundra.
"Framåt, lätta brigaden!
Ladda för kanonerna!" sa han:
In i dödens dal
Red de sexhundra.
"Framåt, lätta brigaden!
Fanns det någon som blev förskräckt?
Inte trots att soldaten visste
Nån hade gjort ett misstag:
De kunde inte svara,
De skulle inte förklara varför,
De skulle bara göra och dö:
In i dödens dal
Red de sexhundra.
Kanoner till höger om dem,
Kanon till vänster om dem,
Kanoner framför dem
Volley'd och dunder'd
Stormades med skott och granater
Djärvt red de och väl,
In i dödens käftar,
In i helvetets mun
Red de sexhundra.
Blänkte alla deras sablar nakna,
De blixtrade när de vände i luften,

Sabrerade skyttarna där,
De anföll en armé, medan
Hela världen undrade:
Dykande i batteriets rök
Rakt genom linjen de bröt;
Kosacker och ryssar
Reel'd from the saber-stroke
De blev sönderslagna och splittrade.
Sen red de tillbaka, men inte,
Inte de sexhundra.
Kanoner till höger om dem,
Kanoner till vänster om dem,
Kanoner bakom dem
Volley'd och dunder'd;
Stormades med skott och granater,
medan häst och hjälte föll,
De som hade kämpat så bra
Kom genom dödens käftar
Tillbaka från helvetets mun,
Allt som fanns kvar av dem,
Kvar av sexhundra.
När kan deras ära blekna?
O, vilken vild attack de gjorde!
Hela världen förundrades.
Hedra anfallet de gjorde!
Hedra den lätta brigaden,
Noble six hundred! (1)

Om du fortfarande tvivlar på kraften i Lord Tennysons författarskap, kom då närmare så ska jag berätta en historia om honom som du aldrig kommer att glömma!

Föreställ dig detta: En militärkapten i den brittiska armén stoppar hastigt ner ett exemplar av Lord Tennysons dikter i bröstfickan på sin uniform och rusar sedan ut på slagfältet där han blir skjuten. Han faller till marken, tar sig för bröstet och väntar på smärtan. Men ingenting händer. Han stoppar handen i fickan, tar fram boken och upptäcker att en kula sitter fast i pärmen.

Vore det då fel att säga att Lord Tennysons ord räddade en mans liv? Nej, det tycker jag inte!

Lord Tennyson bodde i Epping Forest i England och den tid på dygnet som han föredrog var tidigt på morgonen när han tog en ensam promenad. Jag hoppas att han inte har något emot att jag gör honom sällskap idag när vi promenerar runt den fantastiska Cooks River.

Eftersom Lord Tennyson inte kommer att vara ordentligt klädd för att synas offentligt när han anländer, har jag tagit mig friheten att köpa en träningsoverall till honom från St Vincent de Pauls second hand-butik. Jag har också lyckats få tag på ett par Adidas- och Nike-löpskor samt ett par Jesus-sandaler "för säkerhets skull" från vår lokala Frälsningsarmébutik.

Exakt klockan 7 på morgonen reste sig Madame Delatour upp och viftade med armarna medan hennes kläder svävade och hennes örhängen klingade som vindspel. När hon väl återhämtat sig från den tidigare nämnda kapningsincidenten (re: Jack the Ripper) dröjde det inte länge förrän hon kunde kontakta Lord Tennyson. Jag väntade otåligt på att han skulle materialisera sig - fortfarande fascinerad av processen -

Och plötsligt stod Lord Tennyson - som kanske är den störste lyriske poet som någonsin har levt - framför mig.

Han var lång, och jag förstod varför han hade jämförts med både Herkules och Apollon. (2) Hans ögon var varma, i valnötsskugga. Han hade en lång distinkt näsa och lockigt tjockt hår - som Delilah skulle ha älskat att få tag på. Han var klädd i en lång svart väst, svarta byxor, höga stövlar och en grå kravatt. Han hade en lugn elegans över sig, som fick mig att vilja niga. När jag sträckte fram min hand kysste han den försiktigt och gjorde sedan samma sak med Madame Delatours hand. Lord Tennyson var en riktig charmör.

Jag förklarade min idé - att följa med honom på en morgonpromenad - och frågade om han skulle ha något emot att byta om till en lämplig kostym för år 2002. Han tackade ja med entusiasm.

När han åter anslöt sig till oss var förvandlingen ganska häpnadsväckande. Lord Tennyson såg ganska stilig ut i sin nya dräkt. Han kommenterade tygernas mjukhet och sa att han kände sig bekväm i sina nya kläder. Träningsoverallen och Jesus-sandalerna passade honom som handen i handsken.

Jag tryckte på den fjärrstyrda garageportsöppnaren när vi gick ner för trappan och in i vårt mörka garage. Lord Tennyson utbrast högt "Himlen rör sig!" när han såg dörren höja sig som en gardin och bjuda in oss att utforska Sydney. När vi kom till mitten av garaget tog Lord Tennyson flera minuter på sig att undersöka vår Honda Legend och ställde frågor om vad den skulle användas till. Jag lovade att om vi hade tid kunde vi ta en sväng.

Innan vi gick ut ur garaget kom Lord Tennyson med en begäran. Han ville öppna och stänga garagedörren igen. Jag lät honom göra det, men bara en gång - han var ju trots allt aristokrat - och sedan var vi på väg.

Q: Många stora författare var dina vänner, t. ex: Carlyle, Swinburne, Eliot och Emerson. Nämn en författare som du inte träffade, men som du önskar att du hade träffat?

A: Jag träffade aldrig Lord Byron. Jag var femton år när nyheten om hans död kom som en fruktansvärd katastrof för att förmörka den glada morgonen i mitt liv. På en sten nära mitt familjehem i den lilla byn Somersby minns jag att jag ristade in ett epitafium som löd "BYRON ÄR DÖD." (3)

Q: Jag har hört en del märkliga historier om ditt arbete, särskilt "In Memoriam" som du skrev för att hedra minnet av din bäste vän och poetkollega Arthur Hallams död. Du måste ha blivit glad när drottning Victoria läste den.

A: Ja, drottning Victoria fick ett exemplar av min bok när hon var mitt uppe i sin sorg över förlusten av hertigen av Wellington. Jag har hört att hennes tårar föll på många rader i mitt verk när hon läste och att mina ord tröstade henne. Den lilla damen av Windsor gjorde mig en stor ära genom att utse mig till Poet Laureate. Jag log och konstaterade: "Varför skulle jag vara självisk och inte tillåta att litteraturen hedrades i mitt namn?" (4)

Vid denna punkt i vår promenad närmade vi oss barnparken, och många sprang upp och ner för de hala stupen, gungade och klättrade på djungelgymmen. Föräldrarna tittade på, övervakade och pratade. Lord Tennyson frågade om vi kunde stanna till och titta, och vi satte oss på en parkbänk.

Q: Vilket är ditt bästa barndomsminne?

A: Jag var kanske fem år gammal när den engelska marsvinden svepte fram över trädgården. Jag minns att jag rusade huvudstupa mot elementen, viftade med händerna och skrek: "Jag hör en röst som talar i stormen!" Det var en känsla av makt, att någon eller något försökte kommunicera med mig. Jag har aldrig känt en sådan upprymdhet. (5)

Q: Jag vet att andlighet har spelat en mycket stor roll i ditt liv. Kan du berätta för mig vad Jesus Kristus betyder för dig?

Q: Vad solen är för blomman är Jesus Kristus för mig. Jag är förundrad över Kristi renhet och helighet och över hans oändliga skönhet. (6)

Q: Skulle jag kunna övertyga dig om att recitera en dikt för mig?

A: Övertyga? Min kära dam, försök att stoppa mig!

KROKEN

Jag kommer från sothöns och björnars hemvist,
Jag gör en plötslig sally,
Och glittrar ut bland ormbunken,
För att bråka ner i en dal,
Genom trettio kullar jag skyndar ner,
Eller glider mellan åsarna,
Vid tjugo torp, en liten stad,
Och ett halvt hundratal broar.
Till sist vid Phillips gård jag flyter
För att ansluta mig till den bräddande floden,
För män kan komma och män kan gå,
Men jag fortsätter för evigt.
Jag skvallrar över steniga vägar,
I små sharps och trebles,
Jag bubblar in i virvlande vikar,
Jag babblar på stenarna.
Med många en kurva mina banker jag fret
Av många fält och träda,
Och många en älva förland set
Med pil-weed och malva.
Jag chartrar, skvallrar, medan jag flyter
För att gå med i den bräddande floden,
För män kan komma och män kan gå,
Men jag fortsätter för evigt.
Jag slingrar mig runt, in och ut,

Med här en blomma som seglar,
Och här och där en lustig öring,
Och här och där en harr.
Och här och där en skummande flinga
På mig, när jag reser,
Med många silverfärgade vatten
Ovanför det gyllene gruset,
Och dra dem alla längs, och flyta
För att ansluta sig till den bräddande floden,
För män kan komma och män kan gå,
Men jag fortsätter för evigt.
Jag stjäl av gräsmattor och gräsbevuxna tomter,
Jag glider förbi hasselbuskage;
Jag flyttar de söta förgätmigejerna
Som växer för lyckliga älskare.
Jag glider, jag glider, jag dyster, jag blickar,
Bland mina skummande svalor;
Jag får den nätade solstrålen att dansa
Mot mina sandiga grund.
Jag mumlar under måne och stjärnor
I brämad vildmark;
Jag dröjer mig kvar vid mina skuggande barer,
Jag flanerar runt mina krasse;
Och ut igen jag böjer mig och flyter
För att ansluta sig till den bräddande floden,
För män kan komma och män kan gå,
Men jag fortsätter för alltid. (7)
Efter den första strofen började en folkmassa samlas runt oss. Barnen slutade leka. Föräldrarna

slutade rusa omkring. Fiskmåsarna och galaxerna var tysta. Vinden var andlös liksom träden. När Lord Tennyson avslutade sin recitation var det ingen som rörde sig. Det var tyst. En total och fullständig tystnad.

Jag längtade efter att få ropa "Encore! Encore!" men visste att klockan tickade. Vi tog farväl av dem alla och fortsatte sedan vår färd över bron. Vi stannade för att fundera över våra reflektioner och jag frågade:

Q: Varför tror du att "In Memoriam" betydde så många olika saker för så många olika människor?

A: Dikten var mer ett rop från hela mänskligheten än från mig. Om Gud tillåter denna starka instinkt och universella längtan efter ett annat liv, är det väl i viss mån ett antagande om dess sanning. Vi kan inte ge upp de mäktiga förhoppningar som gör oss till män. Och för dem av oss som har älskat och förlorat, låt oss trösta oss med tanken att ingenting går med planlösa fötter ... inte ett enda liv skall förstöras eller kastas som skräp i tomrummet, när Gud har gjort högen komplett. Vi som har lämnats kvar i våra sorger och vars förståelse är som hos ett spädbarn som famlar i natten, får aldrig skämmas för att säga till oss själva: Vi behöver inte förstå; vi älskar. (8)

Q: Du och din fru Emily har varit gifta i fyrtio år. Berätta för mig hur ni träffades?

A: Det var fjorton år före publiceringen av "In Memoriam" - när jag fortfarande gick min lärlingstid som poet - som jag var på min bror Charles bröllop. Efter ceremonin träffade jag en av brudtärnorna. Hon var nätt och älskvärd och jag viskade blygt till henne: "Åh, lyckliga brudtärna, gör mig till en lycklig brud." När vi firade vår 40-åriga bröllopsdag gav jag min brud en gåva med rosmarin och rosor. Vi var lika lyckliga den dagen som den dag vi gifte oss. (9)

Q: Lord Tennyson, vår tid rinner snabbt ut och jag skulle vilja ställa en fråga till. Vilket råd skulle du vilja ge till poeter i framtiden?

A: Poetens ord måste fylla en trefaldig funktion. De måste ge färg åt det inre ögat, musik åt det inre örat och hopp åt det innersta hjärtat. (10)

Jag tackade honom för hans inspiration och för att han var min promenadkamrat. Jag erbjöd honom två valmöjligheter för hur han skulle vilja lämna år 2002. Skulle han vilja byta om till sina egna kläder eller åka en sväng i min bil?

Han tvekade inte och vi hoppade in i bilen och snart var vi ute och körde med U2 i högtalarna. När vi åkte runt i vårt kvarter vinkade Lord Tennyson till alla vi passerade och skrattade busigt när de svarade.

Jag kunde inte svära på att det var sant, men jag tyckte mig höra att han sjöng med Bono när han kom till refrängen i "It's a Beautiful Day, Don't Let It Get Away". (11) Våra ögon utbytte blickar när han började blekna. Han gav mig en vänlig blinkning och försvann.

Snart sjöng jag själv till U2 och var på väg hem. När garageporten öppnades reciterade jag den lyriska dikt som skrevs mot slutet av Tennysons liv och som på hans begäran alltid inkluderades i slutet av varje publikation: (12)

KORSAR BAREN

Solnedgång och aftonstjärna,

Och ett tydligt samtal för mig!

Och må det inte finnas något stönande av baren,

När jag lägger ut till sjöss,

Men ett sådant tidvatten som rör sig verkar sova,

För full för ljud och skum,

När det som drog från ut det gränslösa djupet

vänder hemåt igen.

Skymning och kvällsklocka,

Och efter det mörkret!

Och må det inte finnas någon sorg av farväl,

När jag går ombord;

För även om ut ur vår bourne av tid och plats

Flodvågen kan bära mig långt,

hoppas jag få se min pilot ansikte mot ansikte

När jag har korsat baren. (13)

Man kan inte gå fel när man läser Lord Tennysons verk, men dessa urval får de högsta rekommendationerna från mig:

Kungens idyller

Enoch Arden

Lotusätarna

Prinsessan

Damen av schalottenlök

Morte d'Arthur

Ulysses

Becket
Hesperiderna
Dagdrömmen
Konstpalatset
Drottning Mary
Harold
Kvarnens dotter
Ingenting kommer att dö
Den gamle vise
De två rösterna
Vårens framsteg
Merlin och glansen
Majdrottningen
Maud och andra dikter
Lucretius
Ode över hertigen av Wellingtons död
De två rösterna
Löftet om maj
Bägaren.

Ta-ta till nästa gång!

Cathy McGough

Din intervjuare av legendariska författare från bortom

LEACOCK ORSAKAR UPPSTÅNDELSE

Hösten 2000 var Madame Delatour och jag på rundtur i Gatineau Hills i Quebec. Löven fladdrade ner och runt vår bil när vi tog oss upp för kullarna. De magnifika färgerna fick oss att längta efter en plats att stanna där vi kunde gå på walkabout och uppleva sevärdheter och dofter av en kanadensisk höstsäsong.

Till slut kom vi fram till parkeringsplatsen som skulle leda oss till kontinentalsockeln. Ljudet av löv som knarrade och rasslade när vi tog oss mot utkiksplatsen gjorde att vi var tvungna att ropa för att kommunicera. Det var en ganska sval middag och det var inte många andra som var modiga nog att lämna värmen i sina bilar för att åka på en sightseeingtur.

Vi promenerade längs en vandringsled, medan de aromatiska mossiga stigarna överföll våra sinnen och isolerade oss från vinden. Vi diskuterade kanadensisk litteratur medan vi gick och tog in allt och i mitt huvud började en dikt:

De knarrande löven under mina fötter,

skapade en rytmisk puls i mitt sinne.

Stigande och sedan fallande - mina fotsulor kysste marken,

Dikten i mitt huvud gick runt och runt.

Mr Leacocks röst förde mig tillbaka till nutiden med en recitation från:

DEN SOCIALA PLANEN

Jag känner en mycket tröttsam man
som hela tiden säger "socialplan".
Vid varje middag, varje samtal
där män samlas, äter eller promenerar,
Oavsett var, -- den här förskräckliga mannen
Bringar på sin gud dam Social Plan.
Nedgången i vete, uppgången i bröd,
De sociala brytarna döda framåt,
Den ekonomiska paradoxen
Som driver nationen på klipporna,
Hjulen som falskt överflöd täpper till...
Och skrämmer oss från att föda upp grisar...
Detta trista fält, den dystra mannen
Undersöker och hickar, Social Plan.
Tills enklare män börjar upptäcka
Hans kacklande förvärrar deras sinne,
Och gör dem angelägna om att undvika
Allt omnämnande av de arbetslösa,

Och leder dem till och med att avsky
De människor som kallas förtjänar fattiga.
För mig, mina sympatier nu passera
Till den fattiga Plutokratiska klassen.
Den skara som nu tilltalar mig
Är vad han kallar Bourgeoisie
Så jag har en social plan
Att ta honom i nacken,
Och låsa in honom i en skåpbil
Och knyta på det en check,
Märkt MOSCOW VIA TURKESTAN,
Vad sägs om det som en social plan? (1)

Madame Delatour hade ingen aning om vem som skrev "The Social Plan" men hon var mycket underhållen av den. Jag berättade för henne att det var Kanadas egen Stephen Leacocks verk och nämnde att han var vår finaste humorist. Madame Delatour ville veta varför jag inte hade bett henne att kontakta Mr Leacock för en intervju.

Ärligt talat var jag inte säker på varför vi inte hade försökt att tala med honom. Jag föreslog att vi kunde diskutera det vidare - efter att jag hade haft möjlighet att göra lite efterforskningar.

En stund senare såg jag en herre komma gående mot oss på avstånd längs stigen. Madame Delatour ryckte på axlarna åt mig och sa att Mr Leacock var villig och kapabel att bli intervjuad här och nu.

Jag var lite irriterad eftersom det inte fanns någon tid att göra de nödvändiga förberedelserna, men när man arbetar med en psykopat - oops jag menar synsk - lär man sig att följa med strömmen.

Regnet började falla försiktigt med enstaka droppar som trängde igenom luckorna som de halvlövlösa träden lämnade efter sig. Vi sprang och höll oss fast med ryggen mot en stor lönn och väntade på att mr Leacock skulle komma.

Han var klädd i en brun, skön kofta och såg ut att trivas i en stor, knarrig La-Z-Boy-fåtölj framför en sprakande öppen spis där han rökte pipa. Han hade bruna byxor, matchande skor (som var täckta av fuktiga löv) - och en brunrutig skotskliknande mössa. Hans axlar var böjda för att hålla vinden ute och händerna var instoppade i koftans fickor.

Stephen Leacock föddes den 30 december 1869 i Hampshire i England. Han var det tredje barnet i en familj med elva barn. Hans familj emigrerade till Kanada 1876. De köpte en gård på 100 hektar i byn Sutton i Ontario.

Mr Leacock gjorde oss snart sällskap under lönnträdet. Vi hade en kort pratstund om vädret (enligt kanadensisk sed) innan vi gick vidare med intervjun.

Q: Du måste ha varit förväntansfull när du såg ditt första kanadensiska hem. Vad minns du av det?

A: Vår gård med dess byggnader var, det kan jag säga, den värsta plats jag någonsin sett. Jag minns det som om det var igår.

Stinkande barer och stall. Ett sorgligt litet ljus att studera vid på natten. Och vinternätterna, iskalla nätter i huset. (2)

Q: Du bestämde dig för att bli lärare?

A: Jag hade vid den tiden en viss naturlig gåva av mimik, kunde lätt slå av folks röster och instinktivt reproducera deras gester. Så när Jimmy Wetherell [den äldre instruktören] halvvägs genom en lektion i engelska artigt sa till mig: "Kan du ta över lektionen nu och fortsätta den?" Jag gjorde det med en fullständighet och likhet med Jimmys röst och sätt, vilket naturligtvis gladde klassen. Tittare sprang genom rummet.

Uppmuntrad som en konstnär lade jag på det för tjockt. Den vänlige rektorn såg det själv och rodnade rosa. När jag var klar sa han stillsamt: "Jag är rädd att jag beundrar din hjärna mer än ditt uppförande."

Orden skar mig i hjärtat. Jag kände att de var så sanna och ändå så helt utan illvilja. För jag hade ingen riktig "nerv", ingen riktig "fräckhet". Det var imitationskonsten som tilltalade mig. Jag hade inte insett hur det kunde påverka den berörda personen. Jag lärde mig därmed min första läxa om behovet av mänsklig vänlighet som ett element i humor. (3)

Q: En väl inlärd läxa. Ändå fortsatte du din karriär som lärare.

A: Att börja undervisa var en ren nödvändighet. Min utbildning passade mig inte för något annat än att förmedla den till andra människor. (4)

Q: Hur inspirerades du till att skriva "The Social Plan"?

A: När jag föreläste för en briljant galax av unga män och kvinnor, som på det college där de hör hemma kallas Economics Three, kom jag att tänka på, och jag använde, metaforen om en social reformator som sitter som en korp på fönsterbrädan och kraxar "Social Plan. Ekonomi tre" vaknade upp och skrattade.

Detta gav mig idén att det skulle kunna vara till stor nytta om ekonomiska problem kunde diskuteras i form av fantasilitteratur. Det skulle bidra till att lyfta bort diskussionen från den ilska och bitterhet som så ofta omger den. Om vi inte kan diskutera det som gentlemän, låt oss åtminstone diskutera det som idioter. Efter att ha fått idén var allt jag behövde göra att skriva dikten.

Fyrtio års hårt arbete med ekonomi har i stort sett tagit bort alla de idéer jag någonsin haft om den. Jag tror att hela vetenskapen är ett vrak och måste byggas upp igen. För våra sociala problem finns det ungefär lika mycket ljus att hämta i den äldre nationalekonomin som från en glödmask.

Endast en eller två saker tycks mig vara klara. Gjutjärnskommunismen är inget annat än ett fängelse. Förr eller senare är antingen den dömd, eller så är människan dömd. Jag tror att den enda möjliga grunden för ett organiserat samhälle är att varje människa är sig själv nog, för sig själv och sina nära och kära. Men på denna grund måste en mycket effektivare och mycket mer rättvis social mekanism sättas i funktion. Vi behöver inte ett nytt spel utan en ny uppsättning regler. Det måste finnas bröd och arbete åt alla, och det borde betyda väldigt lite arbete och massor av bröd. (5)

Q: Skulle du kunna tänka dig att läsa en av dina noveller?

A: Jag hoppades att du skulle komma till att fråga!

MIN FINANSIELLA KARRIÄR

När jag går in i en bank blir jag skakad. Tjänstemännen skakar om mig, grindarna skakar om mig, åsynen av pengarna skakar om mig, allt skakar om mig.

I samma ögonblick som jag kliver över tröskeln till en bank och försöker göra affärer där blir jag en ansvarslös idiot.

Jag visste detta på förhand, men min lön hade höjts till femtio dollar i månaden och jag kände att banken var det enda stället för det.

Så jag stapplade in och såg mig blygt omkring bland kontoristerna. Jag fick för mig att en person som skulle öppna ett konto måste rådfråga chefen.

Jag gick upp till en dörr märkt "Bokförare". Revisorn var en lång, kall djävul. Blotta åsynen av honom skakade om mig. Min röst var sepulkral.

"Kan jag få träffa chefen?" sa jag, och tillade högtidligt: "Ensam." Jag vet inte varför jag sa "ensam".

"Javisst", sa revisorn och hämtade honom.

Chefen var en allvarlig och lugn man. Jag höll mina femtiosex dollar i en skrynklig boll i min ficka.

"Är du föreståndaren?" sa jag. Gud vet att jag inte tvivlade på det.

"Ja", sa han.

"Kan jag få träffa dig", frågade jag, "ensam?" Jag ville inte säga "ensam" igen, men utan det verkade saken självklar.

Chefen tittade på mig med viss oro. Han kände att jag hade en hemsk hemlighet att avslöja.

"Kom in här", sa han och visade vägen till ett privat rum. Han vred om nyckeln i låset.

"Här kan vi inte bli störda", sa han. "Sätt dig."

Vi satte oss båda ner och tittade på varandra. Jag hittade ingen röst att tala med.

"Du är en av Pinkertons män, antar jag", sa han.

Han hade förstått av mitt mystiska sätt att jag var detektiv. Jag visste vad han tänkte, och det gjorde mig ännu mer illa till mods.

"Nej, inte från Pinkertons", sa jag och antydde därmed att jag kom från en konkurrerande byrå.

"För att säga sanningen", fortsatte jag, som om jag hade blivit uppmanad att ljuga om det, "är jag inte alls detektiv. Jag har kommit för att öppna ett konto. Jag tänker förvara alla mina pengar i den här banken."

Chefen såg lättad men fortfarande allvarlig ut; han drog nu slutsatsen att jag var son till baron Rothschild eller en ung Gould.

"Ett stort konto, antar jag", sa han.

"Ganska stort", viskade jag, "jag föreslår att sätta in femtiosex dollar nu och femtio dollar i månaden regelbundet."

Chefen reste sig upp och öppnade dörren. Han ropade på revisorn.

"Mr Montgomery", sa han otrevligt högt, "den här mannen öppnar ett konto, han kommer att sätta in femtiosex dollar. God morgon."

Jag steg upp.

En stor järndörr stod öppen vid sidan av rummet. "God morgon", sa jag och klev in i kassaskåpet.

"Kom ut", sa föreståndaren kallt och visade mig andra vägen.

Jag gick fram till revisorns dörr och pekade med en snabb, krampaktig rörelse på honom med pengabollen, som om jag skulle göra ett trolleritrick.

Mitt ansikte var ohyggligt blekt.

"Här", sa jag, "sätt in dem." Tonen i orden tycktes betyda: "Låt oss göra denna smärtsamma sak medan vi är i form."

Han tog pengarna och gav dem till en annan kontorist.

Han tvingade mig att skriva summan på en lapp och skriva mitt namn i en bok. Jag visste inte längre vad jag gjorde. Banken simmade framför mina ögon.

"Är det insatt?" frågade jag med en ihålig, vibrerande röst.

"Ja, det är det", sa revisorn.

"Då vill jag dra en check."

Min tanke var att ta ut sex dollar för att använda dem här och nu. Någon gav mig ett checkhäfte genom en gång och någon annan började berätta för mig hur jag skulle skriva ut det. Bankfolket fick intrycket att jag var en invalid miljonär. Jag skrev något på checken och tryckte in den till expediten. Han tittade på den.

"Va! Ska du dra ut allt igen?" frågade han förvånat.

Då insåg jag att jag hade skrivit femtiosex i stället för sex. Jag var för långt borta för att resonera nu. Jag hade en känsla av att det var omöjligt att förklara saken.

Alla kontoristerna hade slutat skriva för att titta på mig.

Oförsiktig av misär gjorde jag ett hopp.

"Ja, alltihop."

"Du tar ut dina pengar från banken?"

"Varenda cent."

"Tänker du inte sätta in mer?" sa expediten förvånat.

"Aldrig."

En idiotisk förhoppning slog mig att de kanske skulle tro att något hade förolämpat mig medan jag skrev checken och att jag hade ändrat mig. Jag gjorde ett bedrövligt försök att se ut som en man med ett fruktansvärt snabbt humör.

Expediten gjorde sig beredd att betala ut pengarna. "Hur vill du ha det?" sa han.

"Vad?"

"Hur ska ni ha det?"

"Åh" - jag förstod vad han menade och svarade utan att ens försöka tänka efter - "i femtiolappar."

Han gav mig en femtiodollarsedel.

"Och sexan?" frågade han torrt.

"I sexor", sa jag.

Han gav mig den och jag rusade ut.

När den stora dörren svängde bakom mig hörde jag ekot av ett skratt som gick upp till taket i banken.

Sedan dess har jag inte bankat mer. Jag förvarar mina pengar i kontanter i byxfickan och mina besparingar i silverdollar i en strumpa. (6)

Mr Leacock stoppade ner handen i byxfickorna, tog fram några kanadensiska sedlar och skramlade fram en liten summa växelpengar. En jordekorre sprang över stigen och hoppades att det fanns mat att få - men inte en brödkaka syntes till.

Q: Vad är humor?

A: Humor i dess högsta betydelse och dess mest långtgående räckvidd ... är inte beroende av verbala motsägelser eller av syn- och hörselkonster. Den finner sin grund i själva livets inkongruens och i kontrasten mellan dagens oro och småsorger och morgondagens långa mysterium. Här blir skratt och tårar ett, och humor blir kontemplation och tolkning av vårt liv. (7)

Q: Har du något råd till blivande humorister?

A: Försök aldrig att vara rolig, för det är en fruktansvärd förbannelse. Här är en värld som går i bitar och jag är orolig. Men när jag ställer mig upp inför en publik för att framföra mina allvarliga tankar börjar de skratta. Jag har presenterats för dem som rolig, och de vägrar att acceptera mig som något annat. (8)

Q: Jag är fascinerad av dina studier inom utbildning och de första skolåren eftersom min son går i förskolan. Skulle du kunna berätta lite om vad du kommit fram till inom det området?

A: Under många århundraden byggde grundskoleutbildningen till stor del på idén att den som skonar sitt barn skämmer bort det och att det snabbaste sättet att nå det ungdomliga intellektet var underifrån och upp. Men å andra sidan minns man Rousseaus lilla "Emile" som vandrade bland blommorna och uppkomsten av förskolan - barnens trädgård, som har stigit från spädbarnsåldern och uppåt genom hela vårt utbildningssystem.

Jag minns från min egen barndom i England en liten grundbok som hette "Reading without Tears". Detta ansågs på den tiden vara en glädjande innovation. (9)

Q: Du kanske kan förklara lite mer?

A: Med andra ord försöker jag säga att det i mycket av vår utbildning (åtminstone i praktiken) är snabbare att gå från det okända till det kända. Att gå ad obscurum per obscurius är ofta lika användbart som att gå genom en tunnel för att slippa gå runt ett berg. (10)

Vi kan inte i vår tid lämna utbildningen åt den enskilda individens önskan att veta och individens egenintresse av att veta. Utbildning kan inte lämnas åt sig själv. De kreativa konsterna måleri, skulptur och musik kan i stor utsträckning lämnas utan annat erkännande från staten och lagen än ett generöst ekonomiskt stöd. Men utbildning måste med självklar nödvändighet stå under ständig uppsikt och detaljerad reglering av samhället i stort. Oavsett vilka brister som är inblandade måste vi erkänna och möta eller mildra så gott vi kan. (11)

Q: Du har hållit en hel del föreläsningar. Vilket är ditt mest minnesvärda ögonblick?

A: En upplevelse från min turné som föreläsare kommer jag alltid att kunna se tillbaka på med tillfredsställelse. Jag hade nästan nöjet att döda en man med ett skratt: och detta i den mest bokstavliga bemärkelsen. Amerikanska föreläsare har ofta drömt om att få göra detta. Jag gjorde det nästan.

Mannen i fråga var en bekväm apoplektisk man med den typ av glatt rubicund-ansikt som man ser i länder där de inte har förbud. Han satt längst bak i salen och skrattade hejdlöst.

Plötsligt insåg jag att något höll på att hända. Mannen hade fallit ihop i sidled på golvet, en liten grupp män samlades runt honom, de lyfte upp honom och jag kunde se hur de bar ut honom, en tyst och orörlig massa.

Som av plikt fortsatte jag med min föreläsning. Men mitt hjärta slog högt av tillfredsställelse. Jag var säker på att jag hade dödat honom.

Ni kan bedöma hur högt dessa förhoppningar steg när en anteckning ett ögonblick eller två senare överlämnades till ordföranden, som då bad mig att göra en paus i min föreläsning och reste sig upp och frågade: "Finns det en läkare i publiken?"

En läkare reste sig och gick tyst ut.

Föreläsningen fortsatte, men det var slut på skratten; mitt mål hade nu blivit att döda ännu en av dem, och de visste det. De var medvetna om att de kunde dö om de började skratta.

Inom några minuter överlämnades en andra lapp till ordföranden. Han meddelade mycket allvarligt: "En andra läkare önskas." Föreläsningen fortsatte under djupare tystnad än någonsin. Alla i publiken väntade på ett tredje meddelande. Det kom.

Ett nytt meddelande överlämnades till ordföranden. Han reste sig och sade: "Om begravningsentreprenören Mr Murchison befinner sig i publiken, är han vänlig att gå ut."

Den mannen, måste jag tyvärr säga, blev frisk. (12)

Q: Finns det något värre än att ha en häcklare i publiken?

A: Ja! Jag märker till exempel att vart jag än går sitter det alltid en tystlåten man i publiken, ungefär tre platser framifrån, med ett stort orörligt ansikte som en melon. Han är alltid där. Jag har sett den mannen i alla städer från Richmond i Indiana till Bournemouth i Hampshire. Han hemsöker mig. Jag börjar förvänta mig honom. Jag känner för att nicka till honom från plattformen. Och jag märker att alla andra föreläsare har samma erfarenhet. Vart de än går är mannen med det stora ansiktet alltid där. Han skrattar aldrig; oavsett om människorna runt omkring honom krampar av skratt sitter han där som en sten - eller nej, som en padda - orubblig.

Vad han tänker vet jag inte. Varför han kommer till föreläsningar kan jag inte gissa. (13)

Q: Du har föreläst över hela världen. Några intryck som du skulle vilja dela med dig av?

A: Jag tycker att jag har mycket svårt att ta emot intryck och har inte alls samma lätthet att snappa upp dem som brittiska författare har när de skriver om Amerika. Jag minns att Hugh Walpole berättade för mig att han knappast kunde gå på Broadway utan att få intryck för minst tre dollar och på Fifth Avenue för fem dollar; och jag minns att St John Ervine kom upp till mitt hus i Montreal, drack en kopp te, lånade lite tobak och gick därifrån med intryck av kanadensiskt liv och kanadensisk karaktär för sextio dollar. (14)

Q: Kanske om jag begränsar det för dig då? Vad var ditt intryck av London, England?

A: En mycket djupare mening finns i undersökningen av stadens stora historiska monument. De viktigaste av dessa är Tower of London, British Museum och Westminster Abbey.

Ingen Londonbesökare bör missa att se dessa. Han borde faktiskt känna att hans besök i England är bortkastat om han inte har sett dem.

Jag talar starkt på den här punkten eftersom jag känner starkt för den.

Enligt min mening är det något med den ohyggliga fascinationen i det historiska tornet, den avskilda tystnaden i museet och majestätet i det gamla klostret, som gör att jag kommer att ångra mitt liv att jag inte såg någon av de tre. Det var min mening, men jag misslyckades, och jag kan bara hoppas att omständigheterna kring mitt misslyckande kan vara till hjälp för andra besökare. (15)

Q: Du såg inte någon av de där platserna som man måste se? Mr Leacock, varför inte?

A: Towern i London hade jag verkligen för avsikt att inspektera. Varje dag skrev jag, som alla turister gör, en liten lista åt mig själv över saker att göra, och jag skrev alltid upp Towern på den. Läsaren känner säkert till vilken typ av liten lista jag menar. Den lyder

1. Gå till banken.
2. Köpa en skjorta.
3. Nationella bildgalleriet.
4. Rakblad.
5. Towern i London.
6. Tvål.

Jag beklagar att denna resplan aldrig genomfördes i sin helhet. (16)

Q: Du kanske föredrog att smälta in - så att folk inte kunde leka "spot the tourist"?

A: Londonborna är trots allt bara som resten av världen när de inte ser sina egna underverk. De som bor i Buffalo går aldrig och ser Niagarafallen, folk i Cleveland vet inte vilket som är Mr Rockefellers hus, och folk lever och dör till och med i New York utan att gå upp till toppen av Woolworth Building.

Och hur som helst, det förflutna är avlägset, och nutiden är nära.

Jag känner en taxichaufför i Quebec som har som livsuppgift att köra folk upp till Abrahams slätter, men om de inte besvärar honom med det visar han dem inte platsen där Wolfe föll: vad han däremot med verklig iver pekar ut är platsen där borgmästaren och stadsfullmäktige satt på den träplattform som de satte upp för kommunfesten en sommar. (17)

Mr Leacock började tonas in och ut, medan regnet började vräka ner över oss som om vi befann oss mitt i en storm. Han log när han böjde sig ner och plockade upp några krispiga lönnlöv. Han tittade på de eldiga färgerna och var helt förbluffad över hur levande de verkade vara trots att de inte längre var en del av trädet. Han satte dem för näsan och andades in djupt och tog in doften. En ekorre kvittrade ovanför oss och försökte fånga vår uppmärksamhet när Mr Leacock stoppade bladen i fickan och försvann ur min åsyn.

Jag sprang tillbaka till bilen, där Madame Delatour redan hade tagit skydd. Hon satt inne med immiga fönster och lyssnade på "Barry Manilow's Greatest Hits".

Snart var vi på väg ut ur Gatineau Hills, efter att ha haft förmånen att träffa Stephen Leacock vid en mycket oväntad tidpunkt och på en oväntad plats.

Mr Leacock har en mycket omfattande lista över arbeten, inklusive essäer om ekonomi och många andra ämnen. Jag hoppas att denna intervju bara väckte din aptit och kan personligen gå i god för följande:

Litterära missar

Sunshine Sketches of a Little Town (Solskensskisser från en liten stad)

Arcadian Adventures med de sysslolösa rika

Ytterligare dumheter

Frenzied Fiction

Hur man introducerar två personer för varandra

Korta kretsar

Den torra Pickwick

De sista löven

Min upptäckt av England

Humor: Dess teori och teknik,

Med exempel och prov; En bok om upptäckt

Pojken jag lämnade bakom mig

Hallucinationen av Mr Butt

Min anmärkningsvärda farbror

Den retroaktiva existensen av Mr Juggins

Den kanadensiska historiens gryning: En krönika om det aboriginska Kanada

Månstrålar från den större galenskapen

Nonsensromaner

En diskussion om frihet och tvång inom utbildning

Bakom och bortom

Fiktion och verklighet.

Så länge till nästa gång!

Cathy McGough

Din intervjuare av legendariska författare från bortom

EDGAR ALLAN POE I HÄXTIMMEN

V älkomna allihopa. Om ni bara kunde se hur min balkong ser ut just nu. Den badar i levande ljus! Fyrtio ljus för att vara exakt - för att fira varje år av vår gästs liv.

Ja, ja! Edgar Allan Poe kommer att göra oss sällskap i kväll - i häxtimmen som närmar sig med stormsteg.

Mr Poe föddes den 19 januari 1809. Medan vi väntar på hans ankomst ska jag läsa upp den dikt som han tillägnade sin brud Virginia Clemm:

ANNABEL LEE

Det var många och många år sedan,

I ett kungarike vid havet,

Där levde en jungfru som du kanske känner

Vid namn Annabel Lee;

Och denna jungfru hon levde med ingen annan tanke

än att älska och bli älskad av mig.
Jag var ett barn och hon var ett barn,
I detta kungarike vid havet,
Men vi älskade med en kärlek som var mer än kärlek,
Jag och min Annabel Lee
Med en kärlek som himlens bevingade serafer
åtrådde henne och mig.
Och detta var skälet till att, för länge sedan,
I detta kungarike vid havet,
En vind blåste ur ett moln och kylde
Min vackra Annabel Lee
Så att hennes högfödda släktingar kom
Och bar henne bort från mig,
För att stänga in henne i en sepulkär
I detta kungarike vid havet.
Änglarna, inte hälften så lyckliga i himlen,
Gick och avundades henne och mig
Ja, ja! Det var anledningen (som alla män vet,
I detta kungarike vid havet)
Att vinden kom ut ur molnet på natten,
och kylde och dödade min Annabel Lee.
Men vår kärlek det var starkare vida än kärleken
hos dem som var äldre än vi,
Av många som var mycket klokare än vi;
Och varken änglarna i himlen ovanför,
Eller demonerna nere under havet,
Kan någonsin skilja min själ från själen
av den vackra Annabel Lee!
För månen strålar aldrig, utan att ge mig drömmar

om den vackra Annabel Lee;
Och så, hela nattetid, ligger jag ner vid sidan
Av min älskling - min älskling - mitt liv och min brud,
I hennes grav där vid havet,
I hennes grav vid det klingande havet. (1)

Sentimental dåre som jag är - Poes ord rörde mitt hjärta upp i halsen. Jag tog fram min näsduk och försökte åter fokusera på de frågor jag hade förberett för att ställa till honom. Sedan tittade jag upp och märkte att det inte var Poe som hade kommit för att hälsa på oss - det var hans älskade hustru Virginia Clemm!

Madame Delatour höll henne i handen och ledde henne mot mig medan Virginia viskade hemligheter som jag inte kunde höra i hennes öra.

Virginia nickade, log, knäböjde och satte sig i stolen mittemot mig. Madame Delatour frågade om hon kunde få tala med mig i enrum en stund, och vi avlägsnade oss båda från Virginias närvaro. Jag pekade på bordet som var fyllt med kakor och bakverk och bjöd in henne att ta del av dem. Hon sträckte sig förväntansfullt efter en tallrik medan jag stängde balkongdörrarna bakom mig.

"Cathy, Virginia vill kontakta sin Edgar. Hon har inte sett honom sedan den dag hon dog."

Den där ödesdigra vinterdagen, när biverkningarna från det brustna blodkärlet i halsen blev outhärdliga, låg Virginia på en säng med bara halm och lakan.

Uppenbarligen levde Virginia och Edgar i extrem fattigdom.

Stackars liten, allt hon hade var en liten kattunge som Edgar gav henne för att hålla henne varm, och Edgars kappa. Han höll hennes iskalla händer i sina, och hennes mor masserade hennes fötter för att hålla frostskadorna borta.

"Cathy, vi kan inte låta Virginia fortsätta att vandra ensam på himlen. Men vårt beslut kommer att få konsekvenser i och med att Edgar kommer att vara med oss kortare tid."

Jag tittade på Virginia. Hon var bara tjugotre år gammal när hon dog. Hennes pittoreska skönhet. Hennes mörka men ändå varma ögon. Hennes starka känsla av målmedvetenhet. Blanchetta hade rätt, vi var tvungna att återförena älskarna - det fanns inget annat val.

Jag nickade bekräftande och Madame Delatour försvann för att kalla på Mr Poe.

Medan vi väntade hällde jag upp en stark kopp varmt te till Virginia, som snabbt hällde upp åtta teskedar socker i sin Royal Doulton och sedan suckade tungt när hon tog sin första klunk. När hon skulle ta en andra klunk började hennes händer skaka vilt, och jag skyndade mig till hennes sida för att ta tag i min antika kopp och fat. Jag svepte en kappa runt hennes axlar, vände mig om och såg Edgar Allan Poe i egen hög person.

Han bar en svart kostym med en knälång kavaj, som var knäppt så att den visade en äppelröd kravatt och en snövit skjorta under. Hans ögon var högtidliga, grubblande, och håret svepte över pannan som en gardin. Hans näsa signalerade styrka, och hans mustaschprydda mun formade inte ett leende när han först såg på madame Delatour, sedan på mig och slutligen fäste blicken på sin hustru.

De klara, sorgsna ögonen började tåras, fylligare och fylligare, och sedan flödade de över när han gick fram till henne och tryckte henne till sin barm. Hon var som ett barn fortfarande, för han omslöt henne med sina armar, och hon tycktes förlora sig själv där, villigt.

Minuterna gick och sedan satte sig Edgar ner. Virginia klättrade upp i hans knä och höll honom hårt runt halsen. Hon ville inte släppa taget om honom för ett ögonblick.

Q: Ni två ser väldigt mysiga ut när ni ligger och myser tillsammans. Kanske kan ni dela med er av ett kärt minne?

Jag visste att de båda tänkte på exakt samma ögonblick när de utbytte blickar. Sedan började Edgar tala med en mildhet och mjukhet i sin röst:

A: Det var på Depot Hotel i staden New Hope där vi fick det godaste te du någonsin druckit, starkt och varmt - vetebröd och rågbröd - ost - tekakor (eleganta), en stor skiva skinka och två kalla kalvar staplade som ett berg i stora skivor - tre skivor kakor och allt i största överflöd. Allt jag hade var tio dollar och vi spenderade det mesta av det på den måltiden, men njöt så mycket av den. (2)

Virginia suckade djupt medan Edgar strök henne över håret och jag hällde upp en stark kopp te åt dem båda. Virginia behövde inte längre min kappa för att hålla sig varm: Edgar var hennes filt.

Q: Herr Poe, jag läste någonstans att du fick en ynka summa på 10,00 dollar för publiceringen av "The Raven". Det kan väl ändå inte vara sant?

A: Snälla kalla mig Edgar. Du är en vän till Virginia och mig. Men ack, det är sant. Mitt största verk någonsin, och ändå förblev jag en sorgsen, ensam, hungrig författare klädd i svart, som träffade människor som kände mig, som beundrade mig som författare, men som visste att jag drömde drömmar som ingen dödlig någonsin drömt förut. (3)

Q: Kriminellt! "The Raven" är fortfarande en av de mest vördade dikterna genom tiderna. Jag läste någonstans att Charles Dickens inspirerade dig till att skriva den.

A: Charles Dickens var på turné i USA och jag hörde att han skulle komma till Richmond där jag bodde. Jag skickade ett brev till honom och bjöd in honom på lunch på ett hotell i centrala Richmond. Dickens tackade ja och kom för att träffa mig ensam. När vi satte oss ner för att äta lunch märkte jag att han hade gråtit. Jag frågade vad som var på tok och han sa:

Jag hoppades att ni inte skulle märka det, Mr Poe, men eftersom ni frågade ska jag ge er ett ärligt svar.

Jag hade en personlig tragedi i min familj innan jag lämnade England för att komma till Amerika och jag tänkte på det. Jag har fru och tre barn och ett husdjur som heter "Grip". Vi älskade vårt husdjur "Grip" nästan lika mycket som vi älskar varandra. Innan jag reste bort tog jag med min familj på en helgsemester. Vi gjorde som vi alltid gjorde med "Grip", vi låste in honom i vårt stall. Vi lämnade gott om mat och vatten och trodde att han skulle klara sig bra under vår frånvaro. Men vi insåg inte att det fanns en stor färgburk i stallet, och att locket hade fallit av.

Tyvärr var färgen i en färg som såg ut precis som vatten. Stackars Grip blev förvirrad och drack upp all färg av misstag. Föreställ dig vår chock, Mr Poe, när vi låste upp stalldörren när vi kom tillbaka och där låg stackars "Grip" - platt på ryggen, stel som en bräda, benen stack rakt upp, stenkallt död.

Uttrycket "stendöd" ekade i mitt huvud. Jag frågade honom: Vad var stackars lilla "Grip"? En katt eller en hund?

Och mr Dickens svarade: Åh, nej, Mr Poe, vi har inga normala husdjur i vår familj. Egentligen var "Grip" en stor, älskvärd svart korp. (4)

Den kvällen gick jag hem och reviderade en dikt som jag hade skrivit om en flicka som hette "Lenore". Den hade blivit refuserad vid ett flertal tillfällen. Jag ändrade titeln till "Korpen" och alla applåderade den.

Q: Varför tror du att "The Raven" fängslade läsarna så?

A: Jag ville skriva den första sagan för vuxna. Kritikerna frågade varför jag inte inledde den med "Det var en gång", och jag berättade det för dem: Men jag öppnade den på det sättet. I mitt huvud är all tid midnattstrist. (5)

Q: Kan du vara snäll och läsa något litet för oss?

A: Lyssna, lyssna för i fjärran kan du höra:

KLOCKORNA

Hör slädarna med klockorna-

Silverklockor!

Vilken värld av glädje deras melodi förebådar!

Hur de tindrar, tindrar, tindrar,

I nattens iskalla luft!

Medan stjärnorna som över strö

Alla himlar, verkar tindra

Med en kristallin glädje;

Håller tid, tid, tid,

I ett slags Runic rim,

Till tintinnabulation som så musikaliskt väl

Från klockorna, klockor, klockor, klockor,

Bjällror, bjällror, bjällror-

Från klockornas klingande och klinkande.

Hör de mjuka bröllopsklockorna,

Gyllene klockor!

Vilken värld av lycka deras harmoni förebådar!

Genom nattens ljumma luft

Hur de ringer ut sin glädje!

Från de smältande gyllene tonerna,

Och alla i melodi,

Vad en flytande dity flyter
Till turturduvan som lyssnar, medan hon gläds
På månen!
Åh, från de klingande cellerna,
Vad en gush av eufoni voluminöst brunnar!
Hur det sväller!
Hur det bor
På framtiden! Hur det berättar
Om hänryckningen som driver
Till svängandet och ringandet
Av klockor, klockor, klockor,
Av klockor, klockor, klockor, klockor,
Klockor, klockor, klockor...
Rimmet och klockornas klang!
Hör de högljudda alarumklockorna-
Fräcka klockor!
Vilken berättelse om skräck, nu, deras turbulens
berättar!
I det skrämda örat på natten
Hur de skriker ut sin förskräckelse!
För mycket förskräckta för att tala,
De kan bara skrika, skrika,
Utan melodi,
I en högljudd vädjan till eldens nåd,
I en galen utläggning med den döva och frenetiska
elden,
Hoppar högre, högre, högre,
Med en desperat önskan,
Och en beslutsam strävan,

Nu - nu att sitta eller aldrig,
Vid sidan av den bleka månen.
Åh, klockorna, klockorna, klockorna!
Vilken berättelse deras skräck berättar
Om förtvivlan!
Hur de klang, och krockar, och vrålar!
Vad en skräck de outpour
På bröstet av den palpitating luften!
Ändå örat det fullt vet,
Genom twanging,
Och klangen,
Hur faran ebbar och flyter:
Ändå örat tydligt berättar,
I jangling,
Och bråket,
Hur faran sjunker och sväller,
Genom sjunkande eller svällande i klockornas ilska-
Av klockorna...
Av klockorna, klockor, klockor, klockor,
Bjällror, bjällror, bjällror
I klockornas klang och klang!
Hör klockornas klang-
Järnklockor!
Vilken värld av högtidliga tankar deras monodi
tvingar!
I nattens tystnad,
Hur vi skakar av fasa
Vid det melankoliska hotet av deras ton!
För varje ljud som flyter

Från rosten i deras halsar
Är ett stönande.
Och folket - ah, folket -
De som bor uppe i tornet,
Alldeles ensamma
Och som ringer, ringer, ringer..,
I den dämpade monotonen,
Känner en ära i att så rulla
På det mänskliga hjärtat en sten-
De är varken man eller kvinna
De är varken djur eller människa
De är Ghouls:
Och deras kung det är som vägtullar;
Och han rullar, rullar, rullar,
Rullar
En paean från klockorna!
Och hans glada bröst sväller
Med paean av klockorna!
Och han dansar, och han skriker;
Håller tid, tid, tid,
I en sorts runic rim,
Till paean av klockorna-
Av klockorna:
Håller tid, tid, tid,
I ett slags runrim,
Till klockornas dunkande-
Av klockorna, klockor, klockor-
Till klockornas snyftningar;
Håller tiden, tiden, tiden,

Som han knäpper, knäpper, knäpper,
I ett glatt runiskt rim,
Till klockornas rullande-
Av klockorna, klockorna, klockorna:
Till klockornas klang,
Av klockor, klockor, klockor, klockor-
Bjällror, bjällror, bjällror
Till klockornas stönande och stönande. (6)

Fråga: Tack Edgar. Berätta för mig om den extraordinära teknik du använde dig av när du studerade till journalist?

Edgar log, tog sin älskades händer i sina och kysste dem och svarade sedan:

A: Om jag skriver om en resa i en ballong och vill att andra ska tro att jag gjorde en sådan resa, hur kan jag då göra det utan att använda saker som fanns runt omkring mig för att övertyga mina läsare? I några av mina böcker har jag samtal med de döda, och med lik som kommit till liv, dessa saker; dessa platser dit min ande skulle ta mig, men de kunde bara ta mig så långt. När allt kommer omkring, min kära kvinna, är inte livet en bluff, en fantastisk vision som plagierats av någon gudomlig poet ur en djävulsk hjärnas episka mardröm? Varför skulle då inte jag, en mänsklig poet, plagiera andra mänskliga sinnens fantastiska visioner? (7)

Jag hänvisade ofta till utländska böcker, som vid närmare efterforskning visade sig aldrig ha existerat. Jag var aldrig handikappad av otillräcklig utbildning.

Jag älskade att visa upp mina förvärvade kunskaper genom att citera passager från språk jag inte visste något om. (8)

Q: Vilka råd skulle du vilja ge till författare år 2002 och framåt?

A: Lär dig att arbeta med deadlines. Förlita dig på inspiration. Skriv snabbt. Skriv på ett oordnat sätt. (9)

Q: Vår tid är slut Mr Poe och jag ser att din vackra dam har somnat med sina armar försiktigt runt dig. Jag skulle vilja ställa en sista fråga till dig. Är du först och främst en konstnär eller en poet?

A: Jag är först och främst en konstnär. Jag målade det groteska och arabesken. Jag var intresserad av det vackra, inte av det sanna. Känslan för skönhet är en odödlig instinkt djupt inne i människans själ. Mitt mål var att framkalla skönhet genom ordens musik med hjälp av alla litterära magiska knep jag kunde använda mig av som nyhet, citat, upprepning, oväntade fraser, kuriosa ... meningar och känslor av ljuva ljud som helt enkelt var bortom räckhåll för analys. Inget konstverk bör någonsin peka på en moral eller förkroppsliga en sanning. Det är min åsikt. Det var så jag levde. (10)

Precis i det ögonblicket flög hundratals flygande rävar över himlen och skrek som banshees. Vi svarade på deras röster genom att ställa oss upp - men när jag tittade åt sidan såg jag att både Mr Poe och Virginia hade försvunnit i natten.

Kanske flög de iväg på fladdermössens vingar och ligger nu tillsammans i Sydneys Royal Botanical Gardens.

Oförmögen att lämna saker och ting som de var satte jag mig ner och började läsa denna dikt högt med hjälp av månens ljus:

TILL EN I PARADISET

Du var allt det för mig, kärlek,

Som min själ längtade efter;

En grön ö i havet, min älskade,

En fontän och en helgedom

Allt kransat med sagofrukter och blommor,

Och alla blommorna var mina.

Ah, dröm för ljus för att vara!

Åh, stjärnklara hopp, som uppstod

Men att vara mulen!

"På! På! På!" - men över det förflutna

(Dim Gulf!) min ande svävande ligger

Måste, orörlig, förskräckt.

För, tyvärr! Ack! Med mig

Livets ljus är borta!

Inget mer - inget mer - inget mer -

(Sådant språk håller det högtidliga havet

Till sanden på stranden)

Skall blomma det åskblåsta trädet,

Eller den drabbade örnen sväva.

Och alla mina dagar är transer,

Och alla mina nattliga drömmar

Är där ditt gråa öga blickar,

Och där ditt fotsteg skimrar -
Vid den eviga strömmen. (11)

Sedan blåste jag ut varje ljus ett efter ett - 40 önskningar flöt upp till himlen - Virginia och Edgar tillsammans i all evighet.

Madame Delatour snarkade så högt när jag kom in i huset igen. Jag lämnades med en känsla av ofullständighet beträffande Mr Poe, men kände ändå att de två andarnas återförening hade gjort det hela värt besväret.

Jag hoppas att du kommer att känna en stark önskan att ta reda på mer om Edgar Allan Poes verk. Kolla in de här urvalen och jag garanterar att du kommer att vilja ha mer:

The Fall of the House of Usher

Masken av den röda döden

Den sovande

En dröm inom en dröm

Staden och havet

Drömlandet

Till en i paradiset

Den vackra läkaren

Det hemsökta palatset

Den erövrande masken

Korpen

Ensam

Den mystiska stjärnan

Epigram för Wall Street

Morden på Rue Morgue

The Pit and the Pendulum

Älvlandet

De lyckligaste dagarna

Ode till majdrottningen

Ordets makt

Hur man skriver en Blackwood-artikel

Satsa aldrig ditt huvud på djävulen - en berättelse med en moral

Det borttappade brevet

Den avlånga lådan.

Hej då, hej då!

Cathy McGough

Din intervjuare av legendariska författare från bortom

SHELLEY BEUNDRAR COOKS RIVER

Madame Delatour gick in i vardagsrummet utan vår gäst för dagen: Percy Bysshe Shelley. Hon gjorde sin arga promenad - medan hennes stora lila örhängen studsade upp och ner i takt med hästsvansen som svängde från sida till sida. Hon bar sin lila mantel med fluorescerande stjärnor och månar som hon hade broderat på den. Hennes armband klirrade när hon slog upp altandörrarna och sa:

"Vad ska jag göra Cathy? Vad ska jag göra? Det är Lord Byron. Han flirtar med mig hela tiden och erbjuder mig att intervjua honom före mr Shelley. Han vill se hur två kvinnor år 2002 är. Han tror att han kan hantera två kvinnor i framtiden mycket bättre än vad Mr Shelley kan, och tyvärr tenderar Mr Shelley att hålla med. Han hindrar Mr Shelley från att gå över. "Vad ska jag göra? Vad ska vi göra?"

Lord Byron var inte lite fräck! Hans historia med kvinnor var välkänd och att intervjua honom skulle vara mycket spännande. Intervjuerna väljs dock ut efter önskemål från läsare, familjer och vänner. Mr Byrons intervju hade efterfrågats, men han stod ganska långt ner på listan.

Jag övertalade Madame Delatour att meddela Lord Byron att vi sparade det bästa till sist. Lord Byrons legendariska ego skulle tro på det och förhoppningsvis skulle saker och ting komma tillbaka på rätt spår med Mr Shelley.

Percy Bysshe Shelley föddes den 4 augusti 1792 (en lejonkamrat!) i Sussex, England. Många år efter hans död skrev William Wordsworth om Shelley att han var "en av de bästa konstnärerna av oss alla, i fråga om utförande och stil".

Percy blev vän med filosofen William Godwin och blev omedelbart förälskad i dennes dotter Mary (trots att han redan var gift och hade barn). Efter sin första frus tragiska självmord försökte han få vårdnaden om sina barn, men fick avslag. Han var djupt äcklad av Englands rättssystem och gav sig av med löftet att aldrig återvända.

Shelley och Mary flyttade snart till Italien där han skulle tillbringa de sista åren av sitt liv. Den 8 juli 1822 fångades Shelley och hans vän i en plötslig storm när de seglade i en liten båt i Lerici, Italien vid kusten av Speziabukten. Deras kroppar spolades upp på stranden och i enlighet med italiensk lag kremerades de på stranden i närvaro av vännerna och poetkollegorna Trelawney, Hunt och Byron. Hans aska fördes till Rom och begravdes nära hans käre vän John Keats grav.

Shelley brann för många saker, men poesin var hans första kärlek och det framgår tydligt av hans essä som han skrev som svar på Thomas Love Peacocks "The Four Ages of Poetry".

I den hävdade Peacock att konsten att skriva poesi snart skulle dö ut eftersom människorna vände sig till de stora och permanenta intressena i det mänskliga samhället. (1)

Här följer ett utdrag ur Shelleys replik:

ETT FÖRSVAR FÖR POESIN

Poesin är uppteckningen av de bästa och lyckligaste ögonblicken i de lyckligaste och bästa sinnena. Vi är medvetna om flyktiga besök av tankar och känslor, ibland förknippade med plats eller person, ibland enbart med vårt eget sinne, och alltid uppstår de oförutsedda och försvinner objudna, men upplyftande och förtjusande bortom alla uttryck; så att även i den önskan och ånger de lämnar, kan det inte finnas annat än njutning, som deltar som den gör i naturen hos sitt objekt. Det är så att säga en gudomligare naturs genomträngande av vår egen, men dess fotspår är som vindens över havet, som morgonens stillhet utplånar och vars spår endast finns kvar som på den skrynkliga sand som banar väg för den.

Dessa och motsvarande förhållanden upplevs främst av dem som har den känsligaste sensibiliteten och den mest vidlyftiga fantasin, och det sinnestillstånd som de ger upphov till är i krig med varje oädel önskan. Dygdens, kärlekens, patriotismens och vänskapens entusiasm är väsentligen kopplad till sådana känslor; och så länge de varar framstår jaget som vad det är, en atom i ett universum.

Poeter är inte bara föremål för dessa upplevelser som andar av den mest förfinade organisation, utan de kan färga allt som de kombinerar med de flyktiga nyanserna i denna eteriska värld; ett ord, ett drag i framställningen av en scen eller en passion kommer att beröra det förtrollade ackordet och återuppliva, hos dem som någonsin har upplevt dessa känslor, det sovande, det kalla, den begravda bilden av det förflutna. Poesin gör på så sätt allt det bästa och vackraste i världen odödligt; den fångar de försvinnande uppenbarelser som hemsöker livets mellanrum, och genom att dölja dem med språk eller form sänder den ut dem bland mänskligheten, bärande ljuva nyheter om besläktad glädje till dem hos vilka deras systrar bor - bor, eftersom det inte finns någon portal för uttryck från grottorna i den ande som de bebor till tingens universum. Poesin räddar besöken av människornas gudomlighet från förfall. (2)

Så passionerat! Så elegant skrivet! Jag längtar efter att få se hur mr Shelley är i egen hög person.

Och för detta tillfälle har jag förberett en tallrik med Vegemite-mackor, några Lamingtons och en kanna varmt te bryggs. Inget går upp mot australiensisk gästfrihet!

Nu, mina damer och herrar, ser det ut som om vi är redo att gå eftersom jag kan se Mr Shelley ledas mot mig. Även på avstånd får hans fängslande blå ögon och långa mörkbruna lockiga hår honom att verka ganska änglalik. Han är klädd i en superfin olivfärgad rock med Gilt-knappar och en randig Marcela-väst. (3) Hans ögon är något nedslagna (kanske kollar han in mattan), men när han får syn på glasdörrarna som leder ut till balkongen drar han snabbt fingrarna genom håret och går rakt mot räcket och säger:

Det är precis som den stora terrassverandan i mitt hem i Casa Magni, med utsikt över Speziabukten där det också fanns havsutsikt och landskap av enastående skönhet. (4) Finns det båtar i närheten? Får jag segla i dag?

Våra ögon möttes för första gången, och på nära håll var han som ett barn man inte kunde säga nej till. Men vår tid var begränsad och jag var tvungen att tala om för honom vad han tittade på, dvs. Cooks River, inte havet - och förklara var vi befann oss i Australien. När jag bekräftade att det inte fanns tid att segla surade han en aning tills han distraherades av de obekanta ljuden från kookaburras och skator. I fjärran dansade gummiträden och jacarandorna i brisen medan jag hällde upp en kopp kaffe till Mr Shelley.

När vi satte oss ner stirrade Mr Shelley in i mina ögon. När vi fick kontakt tittade han bort.

Jag återgick till mina anteckningar och såg snart att hans ögon var låsta i mina igen. Jag var inte säker på vad han tittade på. Faktum är att jag inte var säker på någonting i det ögonblicket. Jag kände en varm rodnad stiga upp på min kind.

Intensiteten i hans blick fortsatte.

Sedan jag började intervjua har jag utvecklat en känsla av självförtroende när jag är i närvaro av dessa mästare. Jag känner mig i allmänhet avslappnad, även om jag är lite vördnadsfull.

Men mr Shelleys ständiga stirrande och sedan bortvända blickar gjorde mig nervös.

Jag försökte återfå lugnet genom att blanda några papper när han, alltid den känsliga själen - upptäckte min rödaktiga nyans.

Jag ber om ursäkt, kära dam. Jag menade inte att få er att känna er självmedveten. Det är dina ögon. De där genomträngande hasselbruna ögonen (5) som ni har. Jag har sett dem förut i min fru Marys vackra och välformade huvud.

För ett ögonblick var jag mållös. Jag lyckades dock kika ut ett mustigt tack. Under några sekunder tittade vi ut i fjärran, tills jag hade full kontroll och sedan började intervjun.

Q: Berätta om ett speciellt ögonblick som du delade med Mary.

A: Jag gillade när hon följde med mig till platsen där jag förtöjde min båt. Där låg hon med huvudet på mitt knä och slöt sina trötta ögon. Jag smekte hennes gyllene huvud. Vi andades in havsluften och lät den mjuka brisen vagga oss till ro. Det var som om vi befann oss i en helt egen värld. (6)

Q: Åh, så romantiskt! Det här är ett ganska märkligt byte av ämne, men jag läste någonstans att du och Mary var vegetarianer? Det är ju faktiskt en mycket populär livsstil idag.

A: Jag är rädd för att det var en nödvändighet att vara vegetarian, inte ett val. Om vi hade turen att kunna köpa lite kött brukade både Mary och jag se till att barnen fick det. Jag levde mestadels på bröd och hade en bit i fickan vart jag än gick för att inte glömma bort att äta helt och hållet. Poesin gav mig näring. (7)

Q: Vad saknade du mest under din frivilliga exil från England?

A: Hemlängtan överraskade mig då och då, och mitt botemedel mot detta var att läsa Lake Poets verk och i synnerhet William Wordsworths ord. Våra poeter och filosofer, våra berg och sjöar, de lantliga vägar och fält som är så speciella för oss, är band som aldrig kan brytas, såvida jag inte blir fullständigt sinnesslö. Dessa och minnet av dem, även om jag aldrig kommer att återvända, dessa och sinnets tillgivenhet, med vilka de en gång har varit förenade, är oskiljaktigt förenade, även om jag för alltid inte skulle återvända till dem mer. (8)

Det är också oerhört svårt att hitta en god kopp te när man är utomlands.

Q: Hur kommer det sig att du blev känd som "Mad Shelley"? (9)

A: Jag höll ofta på med experiment med kemikalier och magi. De andra barnen brukade reta mig oavbrutet och följa efter mig och till och med ge sig ut på vad de kallade "Shelley-jakter". Det fanns dock en dag då saker och ting verkligen eskalerade. Det var under min vistelse på Eton. Jag ritade en cirkel och ställde mig i mitten av den. De andra eleverna samlades runt mig medan jag hällde alkohol i en liten tallrik och tände eld på den. Jag såg hur den fick en blåaktig låga och började sedan recitera saker som t.ex: "Demoner kom ut och gör oss sällskap!" En lärare såg mig och ropade och frågade vad jag höll på med. Jag sa att jag försökte väcka djävulen till liv. (10)

Q: Är det sant att du använde dina syskon i dina experiment?

Q: Min syster Hellens Journal beskriver bäst mina upptåg. Kom ihåg att jag bara var elva år gammal:

När min bror påbörjade sina studier i kemi och praktiserade elektricitet på oss, måste jag erkänna att min glädje över detta helt och hållet förbyttes i skräck för dess effekter. Närhelst han kom till mig med sin bit vikt brunt packpapper under armen och en bit tråd och en flaska, sjönk mitt hjärta av rädsla för hans närmande; men skam höll mig tyst, och med så många andra som han kunde samla, placerades vi hand i hand runt barnkammarens bord för att elektrifieras. (11)

Q: Och på tal om elektriska saker - vad är dina tankar om kärlek?

A: Jag förväntade mig alltid mer av kärleken, krävde mer av kärleken än den kunde ge tillbaka. Följaktligen gjorde kärleken mig alltid besviken. Man är alltid förälskad i något eller något annat; felet består i att man i bilden söker likheten med det eviga. (12)

Q: Vem har påverkat ditt arbete mest?

A: Platon, utan tvekan. Platon var i grunden en poet. Sanningen och prakten i hans bildspråk och melodin i hans språk är den mest intensiva som det är möjligt att föreställa sig. Han förkastade harmonin i tankar som saknar form och handling, och han förbjöd sig att uppfinna några regelbundna pauser i sin stil. (13) Jag översatte hans "Ion" - en del av "Phased" och flera epigram. Jag skrev detta åt honom:

MORGON- OCH AFTONSTJÄRNA

Du är morgonstjärnan bland de levande,
Innan ditt sköna ljus hade flytt;
Nu, när du har dött, är du som Hesperus och ger
Ny glans åt de döda. (14)

Ändå kan jag inte låta bli att minnas Dante. Dante var den förste som väckte det förtrollade Europa; han skapade ett språk, i sig självt musik och övertalning, ur ett kaos av oharmoniska barbarismer.

Han var sammankallande för de stora andar som ledde lärdomens återuppståndelse, Lucifer i den stjärnbeströdda flock som på trettonhundratalet lyste upp från det republikanska Italien, som från en himmel, in i den förblindade världens mörker. Själva hans ord är fyllda av ande; var och en är som en gnista, en brinnande atom av en osläckbar tanke; och många ligger ännu täckta av askan från sin födelse och gravida med en blixt som ännu inte har funnit någon ledare. (15)

Q: Definiera poet?

A: Poeter kallades, beroende på omständigheterna i den tidsålder och nation där de framträdde, i världens tidigare epoker lagstiftare eller profeter: en poet omfattar och förenar i huvudsak båda dessa karaktärer. Ty han inte bara betraktar intensivt nuet som det är och upptäcker de lagar enligt vilka nuets ting bör ordnas, utan han ser framtiden i nuet, och hans tankar är groddarna till blomman av den senaste tidens frukt. Inte för att jag påstår att poeter är profeter i ordets grova bemärkelse. En poet deltar i det eviga, det oändliga och det enda. (16)

Q: Kräver en poet en formell utbildning eller helt enkelt livets utbildning?

A: Det finns en utbildning som är särskilt lämpad för en poet, utan vilken geni och känslighet knappast kan fylla cirkeln av sina förmågor ... Omständigheterna kring min tillfälliga utbildning har varit gynnsamma för denna ambition. Jag har sedan barnsben varit bekant med berg, sjöar, hav och skogens ensamhet: Fara, som sportar på randen av stup, har varit min lekkamrat. Jag har trampat på Alpernas glaciärer och levt under Mont Blancs ögon. Jag har varit en vandrare bland avlägsna fält. Jag har seglat nedför mäktiga floder och sett solen gå upp och ned och stjärnorna komma fram, medan jag har seglat natt och dag nedför en snabb ström bland bergen. Jag har sett folkrika städer och iakttagit passionerna, som stiger och sprider sig, sjunker och förändras, bland samlade människomassor.

Jag har sett skådeplatsen för tyranniets och krigets mer synliga härjningar; städer och byar reducerade till spridda grupper av svarta och taklösa hus och de nakna invånarna sittande utsvultna på sina öde trösklar.

Jag har samtalat med levande män av geni. Poesin i det antika Grekland och Rom, i det moderna Italien och i vårt eget land har för mig, liksom den eviga naturen, varit en passion och en njutning. Från sådana källor har jag hämtat materialet till mina dikters bildspråk. Jag har betraktat poesin i dess mest omfattande mening och har läst poeterna, historikerna och metafysikerna vars skrifter har varit tillgängliga för mig, och har betraktat jordens vackra och majestätiska landskap som gemensamma källor till de element som det är poetens uppgift att förkroppsliga och kombinera ... I vad mån jag skall befinnas äga poesins väsentligaste egenskap, förmågan att hos andra väcka förnimmelser liknande dem som besjälar mitt eget bröst, det vet jag uppriktigt sagt inte. (17)

Q: Vad anser du om din poetkollega och vän Lord Byron?

A: Lord Byron var en ytterst intressant person, och som sådan är det beklagligt att han var slav under de mest vulgära fördomar och lika galen som vinden! (18)

Q: Det skall jag verkligen ha i åtanke när jag intervjuar honom! Du har rest en hel del. Om du skulle välja en plats som din favorit, vilken skulle du då välja?

A: Colosseum: Det hade med tiden förvandlats till en amfiteater av steniga kullar bevuxna med vild oliv, myrten och fikonträd, och genomkorsad av små stigar som slingrar sig mellan de förstörda trapporna och de omätliga gallerierna; buskträden överskuggar dig när du vandrar genom labyrinterna och det vilda ogräset i blomsterklimatet blommar under dina fötter... Jag kunde knappt tro att när den var täckt av dorisk marmor och utsmyckad med pelare av egyptisk granit kunde dess effekt ha varit så sublim och imponerande. (19)

Q: Vad skulle du vilja förmedla till poeter år 2002?

A: Vi har mer moralisk, politisk och historisk visdom än vi vet hur vi skall omsätta i praktiken; vi har mer vetenskaplig och ekonomisk kunskap än vad som kan tillgodoses för en rättvis fördelning av de produkter som den mångfaldigar. Poesin i dessa tankesystem döljs av ackumuleringen av fakta och beräkningsprocesser ... Vi vill ha den kreativa förmågan att föreställa oss det vi vet; vi vill ha den generösa impulsen att handla det vi föreställer oss; vi vill ha livets poesi; våra beräkningar har sprungit ifrån vår föreställning ... Odlingen av de vetenskaper som har utvidgat gränserna för människans imperium över den yttre världen har i stor brist på den poetiska förmågan proportionellt begränsat gränserna för den inre världen; och människan, som har förslavat elementen, förblir själv en slav. (20)

Q: Percy innan du går - kan du vara snäll och läsa "The Cloud". Det är min favorit.

A: På särskild begäran då, bara för dig käraste dam:

MOLNET

Jag ger friska skurar för de törstande blommorna,
Från hav och strömmar;
Jag bär lätt skugga för bladen när de läggs
I deras middagsdrömmar.
Från mina vingar skakas daggen som väcker
De söta knopparna var och en,
När de gungas till vila på sin mors bröst,
När hon dansar om solen.
Jag svingar piskande haglets slägga,
Och vitnar de gröna slätterna under,
Och sedan igen löser jag upp det i regn,
Och skrattar när jag passerar i åska.
Jag siktar snön på bergen nedanför,
Och deras stora tallar stönar förskräckt;
Och hela natten är min kudde vit,

Medan jag sover i armarna av blåsten.
Sublimt på tornen av mina skiey bowers,
Blixten min pilot sitter;
I en grotta under är åskan fjättrad,
Det kämpar och ylar vid passningar;
Över jord och hav, med mjuka rörelser,
Denna pilot vägleder mig,
Lockad av kärleken till de genier som rör sig
I djupet av det purpurfärgade havet;
Över rännilar, klippor och kullar,
Över sjöarna och slätterna,
Vart han än drömmer, under berg eller ström,
Den ande han älskar finns kvar;
Och jag hela tiden sola i Himlens blå leende,
Medan han upplöses i regn.
Den blodiga soluppgången, med sina meteorögon,
Och hans brinnande plymer utbredda,
Hoppar på baksidan av min segling rack,
När morgonstjärnan lyser död;
Som på en bergsknalle,
Som en jordbävning rockar och svänger,
En örn alit ett ögonblick kan sitta
I ljuset av sina gyllene vingar.
Och när solnedgången kan andas, från det upplysta
havet under,
Dess glöd av vila och kärlek,
Och den röda pall av eve kan falla
Från djupet av himlen ovan,
Med vingarna utfällda vilar jag, på min aery bo,

Så stilla som en ruvande duva.
Den jungfrun med vita eldar,
Som dödliga kallar månen
Glider skimrande över mitt fleeceliknande golv,
Av midnattsbrisen strödd;
Och varhelst slaget av hennes osynliga fötter,
Som bara änglarna hör,
Kan ha brutit väven i mitt tälts tunna tak,
Stjärnorna kikar bakom henne och kikar;
Och jag skrattar åt att se dem virvla och fly,
Som en svärm av gyllene bin,
När jag vidgar hålet i mitt vindbyggda tält,
Till de lugna floderna, sjöarna och haven,
Som remsor av himlen fallit genom mig på hög,
Var och en är belagd med månen och dessa.
Jag binder solens tron med en brinnande zon,
Och månens med en gördel av pärla;
Vulkanerna är svaga, och stjärnorna rullar och
simmar,
När virvelvindarna min fana veckla ut.
Från udde till udde, med en broliknande form,
Över ett strömmande hav,
Solstrålesäker, jag hänger som ett tak, -
Bergen dess pelare vara.
Triumfbågen genom vilken jag marscherar
Med orkan, eld och snö,
När luftens makter är fastkedjade vid min stol,
Är den miljonfärgade bågen;
Den sfäriska elden ovanför dess mjuka färger vävde,

Medan den fuktiga jorden skrattade nedanför.

Han stannade plötsligt upp och märkte att jag hade fortsatt att säga orden, han rensade halsen, log och fortsatte...

Jag är dotter till jorden och vattnet,

Och himlens barnbarn;

Jag passerar genom havets och strändernas porer,

Jag förändras, men jag kan inte dö.

För efter regnet när med aldrig en fläck

Himlens paviljong är bar,

Och vindarna och solstrålarna med sina konvexa sken

Bygga upp den blå kupolen av luft,

skrattar jag tyst åt min egen cenotaf,

Och ut ur regnets grottor,

Som ett barn från livmodern, som ett spöke från graven,

reser jag mig och bygger upp den igen. (21)

Medan han läste började han tona in och ut, som en dålig sändare, och när han avslutade den sista raden hade han försvunnit helt och hållet.

Jag hoppas att du har fått upp ögonen för Shelley och uppmuntrar dig att leta upp hans verk.

Jag rekommenderar följande:

Prometheus Unbound

Molnet

Adonais

Drottning Mab

Anarkins mask

Till en sånglärka
Ode till västanvinden
Till månen
En klagosång
Laon och Cyntha
Kärlekens filosofi
Hymn till naturens ande
Poetens dröm
Linjer till en indisk luft
Cenci
Till natten
Jag fruktar dina kyssar
Kärlekens flykt
Ozymandias från Egypten
Till en dam med gitarr
Inbjudan
Återblicken
Ensamhetens ande
Alastor
Rosalind och Helen
En dröm om det okända
Musik, när de mjuka rösterna dör
Den indiska serenaden
Livets triumf
Ett försvar för poesin.

Följ med mig nästa vecka när Madame Delatour tar med sig en annan gäst till min ödmjuka boning. För tillfället behöver hon en stor whisky med is eftersom Lord Byron fortfarande hänger kvar som en dålig slant och

försöker övertyga oss om att intervjua honom härnäst.
Tyvärr, det går inte Lord Byron - allmänheten bestämmer!
Ta, ta!
Cathy McGough
Din intervjuare av legendariska författare från bortom

WILKIE COLLINS VÄVER EN BERÄTTELSE

Har du upptäckt Wilkie Collins verk? Om du inte har snubblat över några av hans romaner i din lokala bokhandel så går du verkligen miste om något!

Wilkie Collins föddes den 8 januari 1824 på New Cavendish Street i London, England. Mr Collins lämnade sina läsare ett enormt arv bestående av tjugofem romaner, över femtio noveller, nästan femton pjäser och över hundra faktaböcker. Hans romaner "The Moonstone" och "The Woman in White" är två klassiker. Wilkie Collins utbildade sig inom juridik, vilket kom väl till pass när han skrev sina melodramatiska men minutiösa thrillers.

Madame Delatour meddelade mig att Mr Collins var på väg ut - och inom några sekunder märkte jag att han kom gående mot mig. Han såg sig omkring, nyfiken som en katt, medan jag presenterade mig och tackade honom för att han kommit för att träffa mig.

Han satte sig ner en kort stund och reste sig sedan plötsligt upp, viftade eftertryckligt med händerna och pekade upp mot himlen: Wilkie Collins hade upptäckt skywritingkonsten.

Han tittade på jetströmmen, som ett barn i väntan på dess budskap. För ett ögonblick trodde jag att han helt hade slutat andas, så överväldigad var han av de ord som skrevs.

Jetströmmen stannade och ordet "Nokia" uppenbarade sig för min gäst. Han tittade på mig, sedan på meddelandet och läste det högt om och om igen, som någon som försöker dechiffrera en hemlig kod.

Jag förklarade dess innebörd och Mr Collins blev mycket besviken. Han menade att världen hade sjunkit till ett historiskt lågvattenmärke genom att tillåta att himlen förorenades för reklam.

Jag hade inte tänkt på skywriting på det sättet tidigare... Snart nog försvann jetströmmen och vår intervju började.

Q: När träffade du Charles Dickens för första gången?

A: Charles och jag träffades den 12 mars 1851. Jag hade tackat ja till rollen som betjänten Smart i amatöruppsättningen av Bulwer-Lyttons pjäs "Not So Bad as We Seem". Charles var tolv år äldre än jag, och han var redan en etablerad författare och offentlig person. Trots det blev vi vänner för livet. Jag tillägnade honom min bok "Hide and Seek" år 1854: "Till Charles Dickens är denna berättelse skriven som ett tecken på beundran och tillgivenhet, av hans vän, författaren."

Jag var anställd på "Household Words" i fem år och senare på "All The Year Round". Vi samarbetade också om julnummer för båda publikationerna, bland annat "No Thoroughfare". (1)

Q: Har du alltid älskat att berätta historier?

A: Som ung pojke, på Second School i Highbury där jag var inackorderad, blev jag regelbundet mobbad av skolans rektor.

"Du kommer att somna, Collins", sade han, "när du har berättat en historia för mig."

Det var detta odjur som först väckte en kraft i mig, hans stackars offer, som jag utan honom kanske aldrig hade blivit medveten om...När jag slutade skolan fortsatte jag att berätta historier för mitt eget nöjes skull. (2)

Q: Du försökte visa livet som det var, trots att publiken ofta ville göra som strutsarna.

A: Vi har blivit så skamlöst bekanta med våld och upprördhet att vi betraktar dem som en nödvändig ingrediens i vårt sociala system och klassificerar våra vildar som en representativ del av vår befolkning under det nyuppfunna namnet "råskinn". Allmänhetens uppmärksamhet har av hundratals andra författare riktats mot den smutsiga Rough in fustian. Om jag hade hållit mig inom dessa gränser, skulle jag ha fått alla mina läsare med mig. Men jag är djärv nog att rikta uppmärksamheten mot den tvättade grovheten i broadcloth - och jag måste försvara mig mot läsare som inte har lagt märke till denna variant, eller som, när de har lagt märke till den, föredrar att ignorera den.

Behövs det ingen protest, i civilisationens intresse, mot ett återuppvaknande av barbariet bland oss, som påstår sig vara ett återuppvaknande av manlig dygd, och finner den mänskliga dumheten faktiskt tillräckligt dum för att erkänna påståendet? (3)

Q: Jag är ledsen att behöva informera dig om att saker och ting inte har förändrats särskilt mycket idag. Du måste undra om de någonsin kommer att göra det. Kanske är det här ett bra tillfälle att be dig läsa något ur någon av dina böcker?

A: "Basil" var det andra skönlitterära verk som jag producerade. När den kom ut fördömdes den direkt av en viss klass av läsare som en skymf mot deras känsla för anständighet. Jag visste att "Basil" inte hade något att frukta från renläriga läsare; och jag lämnade dessa sidor att stå eller falla på de förtjänster de hade. Sakta men säkert trängde sig min berättelse igenom all negativ kritik till en plats i allmänhetens gunst, som jag hoppas att den aldrig har förlorat sedan dess.

Detta är hämtat från del I, kapitel II i:

BASIL

Jag skulle här kunna försöka skissera min egen karaktär som den var vid den tiden. Men vem kan säga: "Jag skall mäta djupet av mina egna laster och höjden av mina egna dygder" och sedan hålla sitt ord? Vi kan varken känna eller döma oss själva; andra kan döma men inte känna oss; Gud ensam dömer och vet också. Låt min karaktär framträda - i den mån någon mänsklig karaktär kan framträda i sin integritet, i denna värld - i mina handlingar, när jag beskriver den enda händelserika passage i mitt liv, som utgör grunden för denna berättelse. Under tiden är det först nödvändigt att jag berättar mer om medlemmarna i min familj. Åtminstone två av dem kommer att visa sig vara viktiga för händelseförloppet på dessa sidor. Jag gör inga försök att bedöma deras karaktärer; jag beskriver dem bara - med rätt eller orätt, det vet jag inte - som de framstod för mig. (4)

Q: Det har sagts att du var en "tvångsmässig granskare". Är det ett rättvisande uttalande?

A: Rättvist? Vad är rättvist? Jag reviderade. För att någon ska kalla mig en "tvångsmässig granskare" måste de ha sett manuskript och korrektur av mina romaner. Jag gick igenom dem i detalj före publicering, ändrade, lade till och tog bort tills sidan blev en praktiskt taget oläslig palimpsest. När en ny upplaga av en roman skulle ges ut tog jag tillfället i akt att revidera den igen. Oftast handlade det om mindre ändringar av interpunktion och meningsbyggnad. Undantaget var "Hide and Seek" där ändringarna var betydligt mer omfattande. Den var tillägnad min käre vän Charles Dickens och därför behövde jag göra den så perfekt som möjligt. I förordet till 1861 års utgåva skrev jag: Jag har förkortat och i många fall utelämnat flera avsnitt ... som ställde större krav på läsarens tålamod än jag nu skulle tycka att det är önskvärt att våga sig på. (5)

Q: Vissa kritiker hävdar att "Hide and Seek" var självbiografisk på grund av din familjs husdjur "Snooks".

A: Ack, den enda del av "Hide and Seek" som var självbiografisk var min kära kattunge "Snooks", som jag minns att jag skrev till min mor 1844 och klagade på hembiträdets beteende mot den:

Jag föreläste för henne häromdagen om omänsklighet. I sin iver för vetenskapen eller för sitt kök (jag vet inte vilket) försökte hon återinföra genom kattungens näsa det som det oskyldiga djuret just tidigare hade förvisat som värdelöst från en motsatt och sämre del av sin kropp. Charles (min bror) försökte rasa i ämnet med kokerskan. Jag försökte med filosofi med hembiträdet. Han misslyckades. Jag lyckades - "Snooks" näsa var renad. (6)

Q: Skulle du kunna förklara dina idéer om fiktionens familj?

A: I tron att romanen och skådespelet är tvillingsystrar i fiktionens familj, att den ena är ett berättat drama och den andra ett spelat drama, och att alla de starka och djupa känslor som skådespelsförfattaren har privilegiet att väcka, har romanförfattaren också privilegiet att väcka, har jag inte ansett det vare sig politiskt eller nödvändigt att, samtidigt som jag håller mig till verkligheten, bara hålla mig till vardagsverkligheten. Med andra ord, jag har inte sjunkit så lågt att jag försäkrat mig om läsarens tro på sannolikheten i min berättelse, men aldrig någonsin uppmanat honom att utöva sin tro. De extraordinära olyckor och händelser som drabbar ett fåtal människor föreföll mig vara ett lika legitimt material för skönlitteraturen att arbeta med - när det fanns ett gott syfte med att använda dem - som de vanliga olyckor och händelser som kan drabba, och drabbar, oss alla. Genom att vädja till genuina källor av intresse inom läsarens egen erfarenhet kunde jag säkert få hans uppmärksamhet till att börja med; men det skulle bara vara genom att vädja till andra källor (lika genuina på sitt sätt) utanför hans egen erfarenhet, som jag kunde hoppas på att fästa hans intresse och väcka hans spänning, att uppta hans djupare känslor eller att väcka hans ädlare tankar. (7)

Q: Är det romanförfattarens roll att presentera realism för sina läsare?

A: Till de personer som inte håller med om de breda principer som här har nämnts; som förnekar att det är romanförfattarens kall att göra mer än att bara roa dem; som ryggar tillbaka för alla ärliga och allvarliga hänvisningar i böcker, till ämnen som de tänker på privat och talar om offentligt överallt; som ser dolda implikationer där ingenting är underförstått och olämpliga anspelningar där ingenting olämpligt anspelas på; vars oskuld ligger i ordet och inte i tanken; vars moral stannar vid tungan och aldrig når hjärtat - för dessa personer skulle jag anse det vara en tidsförlust och ännu värre att ge någon ytterligare förklaring till mina motiv än den tillräckliga förklaring som jag redan har gett. Jag vänder mig inte till dem i denna intervju och kommer aldrig att tänka på att vända mig till dem i någon annan. (8)

Q: I "No Name" tror jag att du försökte dig på något som ingen romanförfattare någonsin försökt sig på tidigare.

A: Den enda hemligheten i boken avslöjades halvvägs in i den första volymen. Från den tidpunkten var alla de viktigaste händelserna i berättelsen avsiktligt förebådade innan de ägde rum - min avsikt var att väcka läsarens intresse för att följa de omständigheter som ledde till att de förutsedda händelserna inträffade. När jag prövade denna nya väg, vände jag inte tvivlande ryggen åt den väg som jag redan hade gått. Mitt enda syfte med att följa en ny kurs var att utvidga mina studier i konsten att skriva fiktion och att variera den form i vilken jag vädjade till läsaren, så attraktivt som jag kunde. (9)

INGET NAMN

Den första scenen

Visarna på hallklockan pekade på halv sju på morgonen. Huset var ett lantligt residens i Combe-Raven i West Somerset Shire. Dagen var den fjärde mars och året var 1846.

Inga andra ljud än klockans stadiga tickande och en stor hunds snarkningar på en matta utanför matsalsdörren störde den mystiska morgonstillheten i hall och trappuppgång. Vilka var de som sov gömda i de övre regionerna? Låt huset avslöja sina egna hemligheter, och låt sovarna avslöja sig själva, en efter en, när de går ner för trappan från sina sängar.

När klockan visade kvart i sju vaknade hunden och skakade om sig själv. Efter att förgäves ha väntat på betjänten, som brukade släppa ut honom, vandrade djuret rastlöst från en stängd dörr till en annan på bottenvåningen och återvände till sin matta i stor förvirring och vädjade till den sovande familjen med ett långt och melankoliskt ylande.

Innan de sista tonerna av hundens klagan hade klingat ut, knarrade ek-trappan i husets övre delar under långsamt nedåtgående fotsteg. Efter ytterligare en minut kom den första av de kvinnliga tjänarna, med en smutsig ullsjal över axlarna - för marsmorgonen var dyster, och reumatism och kokerskan var gamla bekanta.

Kokerskan tog emot hundens första hjärtliga närmanden med sämsta tänkbara elegans och öppnade långsamt dörren till hallen och släppte ut djuret. Det var en vild morgon. Över en vidsträckt gräsmatta och bakom en svart granplantering banade sig den uppgående solen väg uppåt genom högar av grå, trasiga moln; tunga regndroppar föll med få och långa mellanrum; marsvinden skakade runt husets hörn och de våta träden svajade trött. (10)

Q: Jag är säker på att våra läsare är nyfikna och kommer att springa ut till sin lokala bokhandel för att ta reda på vad som händer. För dem som inte har läst "No Name", skulle du kunna förklara vad boken handlar om?

A: Huvudsyftet med berättelsen är att vädja till läsarens huvudsakliga intresse för ett ämne som har varit temat för några av de största författarna, levande och döda - men som aldrig har uttömts och aldrig kan uttömmas, eftersom det är ett ämne som är evigt intressant för hela mänskligheten. Det är ytterligare en bok som skildrar en mänsklig varelses kamp under de motsatta influenserna av gott och ont, som vi alla har känt, som vi alla har känt. (11)

Q: "No Name" berättar om hur en brutal ödets nyck förändrar tillvaron för två systrar. Romaner som skrivs om så allvarliga ämnen har sällan humor i sig.

A: Jag försökte ge de mer allvarliga avsnitten i boken denna lättnad, inte bara för att jag ansåg mig ha rätt att göra det enligt konstens lagar - utan för att erfarenheten lärde mig att det inte finns något sådant moraliskt fenomen som oblandad tragedi i världen omkring oss. Hur vi än vrider och vänder på det, korsas de mörka och de ljusa trådarna ständigt i det mänskliga livets struktur. (12)

Q: Ingen författare har kommit i närheten av er, Mr Collins, när det gäller att locka in läsarna i den värld ni har skapat. Ett perfekt exempel som jag omedelbart kommer att tänka på är din novell: "Polismannen och kocken" - skulle du kunna tänka dig att läsa de första styckena i berättelsen?

A: Om jag hade tid skulle jag gärna läsa den i sin helhet. Men på grund av tidsbrist får det räcka med dessa få stycken:

MR. POLISMANNEN OCH KOCKEN

Ett första ord för mig själv

Innan doktorn lämnade mig en kväll frågade jag honom hur länge till jag skulle leva. Han svarade: "Det är inte lätt att säga: "Det är inte lätt att säga; du kan dö innan jag hinner tillbaka till dig i morgon bitti, eller så kan du leva till slutet av månaden."

Nästa morgon var jag tillräckligt levande för att tänka på min själs behov och (eftersom jag var medlem av den romersk-katolska kyrkan) skicka bud efter prästen.

I min syndernas historia, som jag berättade i bikten, ingick att jag på ett klandervärt sätt försummat en plikt som jag hade gentemot mitt lands lagar. Enligt prästens åsikt - och jag höll med honom - var jag skyldig att offentligt erkänna mitt fel, som en botgöring som anstår en katolsk engelsman. Vi beslöt därför att försöka oss på en arbetsfördelning. Jag berättade om omständigheterna, medan hans högvördighet tog pennan och satte saken i form.

Här följer vad som kom ut av det: - (13)

Återigen, mina kära läsare, för att ni skall få reda på vad som hände måste ni läsa boken!

Q: Har du något råd att ge till framtida författare?

A: Få dem att skratta, få dem att gråta, få dem att vänta. (14)

När mr Collins hade talat färdigt tonade han in och ut under en sekund och försvann sedan. Hans sista ord ekade i mitt sinne, medan jag rullade dem om och om igen på tungan: "Få dem att skratta, få dem att gråta, få dem att vänta." Ord att leva efter!

Här är några av Mr Collins verk som du definitivt bör sätta upp på din MÅSTE-läsa-lista:

Armadale

Kvinnan i vitt

Inget namn

Månstenen

Basil: En berättelse om det moderna livet

My Lady's Money

Arvet efter Kain

Hide and Seek

Man och hustru

Små romaner

Den döda hemligheten

Hjärter dam

Gabriels äktenskap

Vandringar bortom järnvägar

Ingen genomfartsled

Stackars Miss Finch

Det frusna djupet och andra berättelser

Lagen och damen

De fallna löven

Det onda geniet

Den svarta manteln

Det hemsökta hotellet

Blind kärlek

Den lata turnén med två sysslolösa lärlingar.

För nu, CHEERIO!

Cathy McGough

Din intervjuare av legendariska författare från bortom

NYÅRSAFTON MED ROBBIE BURNS

Välkomna alla och envar till Tam O'Shanter Pub. Ta en liten dram medan vi inväntar vår ärade gäst: Mr Robbie Burns!

Under tiden ska jag berätta lite om honom. Robbie Burns föddes den 25 januari (som numera firas som Robbie Burns-dagen) i en våldsam snöstorm i Ayrshire i Skottland 1759. Hans far var bonde och Robbie gjorde allt han kunde för att gå i hans fotspår, men det var inte hans hjärta som ville det. Hans hjärta ville sjunga och sväva över de skotska högländerna, som han älskade så mycket.

Tyvärr diagnostiserades Robbie med reumatisk hjärtsjukdom, och därmed var han inte länge kvar i världen. Han dog 1796 och lämnade efter sig en fantastisk repertoar.

För att lära känna Robbie Burns, hans hjärta och sinne till fullo måste du läsa allt han skrev. För ju mer du läser, desto mer kommer hans ande att uppenbaras för dig.

Madame Delatour har just gett mig klartecken att hon kommer att gå in i ett avskilt område längst bak i puben för att kontakta Mr Burns, så han bör vara hos oss om bara några ögonblick.

Under tiden har jag bett den ständigt växande publiken att dämpa sig, så att de inte skrämmer Mr Burns. När han känner sig bekväm i sin nya omgivning kommer jag att be om hans tillstånd att låta det här gänget av bråkstakar göra oss sällskap. Jag hoppas bara att de kan hålla tillbaka sin upphetsning tillräckligt länge! Den här puben är ju döpt efter Robbie Burns och alla som samlas här samlas i hans namn.

Låt oss börja med en dikt som Robbie skrev under en mycket mörk tid då han övervägde att lämna Skottland för alltid:

LAMENTEN

Över de dimhöljda klipporna på deras ensamma berg som vandrar,

Där vinterns vilda vindar oupphörligt rasar,

Vilka sorger vrider mitt hjärta medan jag uppmärksamt övervakar

Stormens dystra väg på vågens bröst!

Ni skummande böljor, låt mig klaga,

Innan ni kastar mig långt bort från min älskade hemstrand;

Där blomman som blommade sötast i Coilas gröna dal,

Mitt brösts stolthet, min Mary är inte mer!

Aldrig mer vid bäckens strand vi vandra,

Och le mot månens rimmade ansikte i vågen;

Inte mer ska mina armar klamra sig fast med kärlek runt henne,

För morgonens daggdroppar faller kallt på hennes grav.

Aldrig mer skall kärlekens mjuka kittling värma mitt bröst;

Jag skyndar med stormen till en långt avlägsen strand;

Där, okänd, utan klagan, min aska skall vila,

Och glädjen skall aldrig mer återkomma till min barm. (1)

Madame Delatour fångade min uppmärksamhet och bekräftade att vår besökare hade anlänt.

Jag tog en flaska Glenfiddich Malt Scotch Whiskey, flera glas, blandade nötter och kringlor och gick sedan in i det bakre rummet. Pubägaren erbjöd sig att låta sin ganska fylliga bartender komma in med den på en bricka, men uppriktigt sagt ville jag inte ha eller behövde konkurrensen om mr Burns uppmärksamhet.

Rummet surrade av förväntan inför bardens ankomst. Jag försökte fånga deras uppmärksamhet utan att lyckas. Till slut fick jag ta till ett fullskaligt angrepp på deras öron med ett högt blås från kaptenens visselpipa, som jag bar runt halsen.

Tack och lov upphörde skränet direkt - så jag fick möjlighet att be dem att dämpa sig. Vi ville ju trots allt inte skrämma bort mr Burns.

Hans namn gav upphov till ännu ett tumultartat vrål, som jag tystade genom att erbjuda mig att bjuda på nästa omgång drinkar och sedan rusa därifrån i hög svansföring. Jag tittade över axeln på det kaos jag hade skapat och hoppades att bartendern skulle förlåta mig.

När jag tittade in genom porthålet som vette mot bakrummet och såg Robbie Burns stå där flämtade jag till.

Han var helt underbar och hade en förödande grop på hakan (som påminde mig om Cary Grants). Han var nästan 1,80 lång, hade kolsvart hår och även på avstånd kunde jag se att han hade mystiska mörka ögon. Hans ögon skulle jag lätt klassificera som sovrumsögon - och visste direkt varför han hade ett sådant rykte hos damerna.

Madame Delatour satt och tittade upp på honom med fladdrande ögonlock när jag kom in i rummet och presenterade mig. Jag blev knäsvag när han tog den tunga brickan ur mina händer och ställde den på bordet. Sedan hällde han upp ett glas whisky till var och en av oss och log när hans ögon vandrade runt i rummet.

Ivrig att få börja intervjun gav jag Madame Delatour en blick - från henne till dörren, sedan tillbaka till henne igen - men hon verkade inte fatta vinken.

Eftersom tiden tickade iväg hade jag inget val - och sparkade henne försiktigt under bordet. Det verkade göra susen.

Madame Delatour gick ut under förevändningen att hon ville ge oss lite avskildhet - och himlade med ögonen åt mig när hon stötte emot svängdörrarna.

Även om hon ursäktade sig för att lämna oss i fred för vår intervju, var jag säker på att hon var på väg till damernas för att ge sitt ansikte en snabb skvätt kallt vatten. Mr Burns hade gjort ett stort intryck på Madame Delatour.

På några sekunder blev jag mindre star struck, och välkomnade Mr Burns till Tam o'Shanter Pub i Sydney, Australien.

Ifall Blanchetta inte hade informerat honom, förklarade jag att vi just var på väg att ringa in år 2003. Sedan började vår intervju.

Q: Vem inspirerade dig som barn?

A: När jag var barn och pojke hade jag mycket att tacka en gammal kvinna vid namn Betty Davidson som vår familj tog hand om. Betty var anmärkningsvärd för sin okunnighet, godtrogenhet och vidskepelse. Hon hade, antar jag, den största samlingen i landet av berättelser och sånger om djävlar, spöken, älvor, brownies, häxor, trollkarlar, spunkies, kelpies, alvljus, döda ljus, vålnader, uppenbarelser, cantraips, jättar, förtrollade torn, drakar och annat trumpetande. Detta odlade poesins latenta frön, men hade en så stark effekt på min fantasi att jag än i denna timme, under mina nattliga vandringar, ibland håller en skarp utkik på misstänkta platser; och även om ingen kan vara mer skeptisk än jag i sådana frågor, krävs det ändå ofta en filosofisk ansträngning för att skaka av sig dessa tomma fasor. (2)

Q: Upptäckte du din talang för att skriva redan då?

A: När jag var barn var jag mycket känd för mitt goda minne, min envisa, robusta läggning och min entusiastiska idiotfromhet. Jag säger idiotpietism, eftersom jag då bara var ett barn. Trots att det kostade skolmästaren en del stryk, var jag en utmärkt engelsklärare, och när jag var tio eller elva år gammal var jag en kritiker i substantiv, verb och partiklar. (3)

Q: Vilka böcker, om några, fångade din fantasi som pojke?

A: De två första böckerna jag läste privat, och som gav mig mer nöje än någon annan bok jag läst sedan dess, var "Hannibals liv" och "Sir William Wallaces historia".

Hannibal gav mina unga idéer en sådan vändning att jag brukade strutta i hänförelse upp och ner efter rekryteringstrumman och säckpipan och önska att jag var lång nog att bli soldat, medan berättelsen om Wallace hällde en skotsk fördom i mina ådror som alltid kommer att finnas i mitt hjärta och mitt sinne. (4)

Q: Varför började du först skriva poesi?

A: För att roa mig med min egen fantasis små skapelser, mitt i ett mödosamt livs slit och trötthet; för att återge de olika känslorna - kärleken, sorgen, hoppet, rädslan - i mitt eget bröst; för att finna någon form av motvikt till en världs strider, alltid en främmande scen, en uppgift som är främmande för det poetiska sinnet - detta var mina motiv för att uppvakta muserna, och i dessa fann jag att poesin var sin egen belöning. (5)

Q: Du övervägde aldrig att publicera dig?

A: Inget av mina verk komponerades med tanke på pressen. Trots att jag varit en rimmare från mina tidigaste år, åtminstone från den tidigaste impulsen av de mjukare passionerna, var det inte förrän mycket sent som applåderna, kanske vänskapens partiskhet, väckte min fåfänga så långt att jag tyckte att något av mina verk var värt att visa. (6)

Q: När du såg dina verk i tryck, visste du säkert att du var en begåvad poet?

A: Jag framträdde i offentligheten med rädsla och darrningar. Jag, en obskyr, namnlös Bard, krympte förskräckt vid tanken på att bli stämplad som - en oförskämd dumskalle som tvingade på världen mitt nonsens; och eftersom jag kunde få ihop några doggerel skotska rim, såg jag mig själv som en poet, utan någon som helst betydelse, för tusan! (7)

Q: Hur kom det sig att du skrev din första sång?

A: Mitt lands poetiska geni fann mig vid plogen och kastade sin inspirerande mantel över mig. Hon bad mig sjunga kärleken, glädjen, de lantliga scenerna och de lantliga nöjena i mitt hemland, på mitt modersmål; jag vände mina vilda, konstlösa toner som hon inspirerade. Hon viskade till mig att jag skulle komma till denna gamla metropol i Kaledonien och lägga mina sånger under hennes ärade beskydd: Jag lydde sedan hennes diktat. Som bönder hade vi en sed på landet att koppla ihop en man och en kvinna som partners i skördearbetet. På min femtonde höst var min partner en förtrollande varelse, ett år yngre än jag själv.

Min brist på engelska förnekar mig möjligheten att göra henne rättvisa på det språket; men ni känner till det skotska idiomet - hon var en bonnie, sweet, sonsie lass. Kort sagt, hon invigde mig, helt omedvetet för henne själv, i denna läckra passion, som jag, trots syrlig besvikelse, ginhästförsiktighet och bokmaskfilosofi, håller för att vara den första av mänskliga glädjeämnen, vår käraste välsignelse! Bland hennes andra kärleksinspirerande egenskaper sjöng hon ljuvligt, och det var hennes favoritsång som jag försökte ge ett förkroppsligat uttryck på rim.

När min flicka sjöng en sång, som sades vara komponerad av en liten lantlig godsägares son, såg jag ingen anledning till att jag inte skulle rimma lika bra som han. (8)

Madame Delatour var tillbaka - och spionerade på oss genom porthålet. Lyckligtvis kunde inte Mr Burns se att hon var en fräck liten apa. Hon försökte blåsa kyssar i hans riktning - men hon kunde inte få honom att vända sig om. Förtvivlad och förvirrad - hon gav upp!

A: Hon hette Mary Campbell: Din första kärlek. Berätta för mig om henne.

A: Mary samtyckte till att bli min hustru. Vi skulle skiljas åt och träffades i hemlighet den andra söndagen i maj, på en enslig plats vid Ayrs strand. Vi stod på var sin sida om en liten porlande bäck. Vi doppade våra händer i den klara strömmen och höll en bibel mellan oss och uttalade våra löften till varandra. Sedan bytte vi biblar. I den som jag gav till Mary hade jag skrivit: "Och ni skall inte svära falskt vid mitt namn. Jag är Herren. Du skall inte svära på dig själv, utan du skall hålla dina löften till Herren." (9)

Q: Robbie, du kommer att bli mycket glad över att höra att just Bibeln har bevarats och placerats i Marys monument. (10)

Robbie tog fram sin näsduk och torkade tårarna från sina ögon medan han började recitera:

TILL MARY I HIMLEN

Du kvardröjande stjärna, med minskande stråle,
Som älskar att hälsa den tidiga morgonen,
Återigen du sher'st i dagen
Min Mary från min själ slets. (11)

Jag hällde upp en drink till åt Robbie, som kastade tillbaka den och sköt sitt glas mot mig för att få en till. Jag förundrades över hur kärlek kan existera i tid och rum och höll tillbaka en mycket stark lust att ta honom i mina armar och trösta honom. Istället höll jag mig fokuserad och gick vidare med nästa fråga.

Q: Vilka råd skulle du ge till författare 2003 och framåt?

A: Det bästa råd jag kan ge dig är att lära känna dig själv. Gör dig själv till en ständig studie. Väg dig själv, balansera dig själv med andra. Bevaka alla informationsmedel för att se hur mycket mark du upptar som person och som poet. Studera flitigt naturens design och formgivning - för att se var ljusen och nyanserna i din karaktär är avsedda. (12)

Plötsligt började säckpipor ljuda. Bara några minuter kvar till midnatt!

Q: Skulle du kunna tänka dig att sjunga några sånger för att hjälpa oss att fira in det nya året? En publik väntar utanför för att träffa dig. Får jag be dem att göra oss sällskap?

A: Ju fler desto bättre, brukar jag säga.

Robbie började sjunga medan piparna tågade in i rummet och gjorde honom sällskap:

EN RÖD, RÖD, ROS

O, min älskling är som en röd, röd ros,

Som är nyutsprungen i juni:

O, min kärlek är som en melodi

Som är ljuvligt spelad i melodi.

Så vacker är du, min söta flicka,

Så djupt i luve är jag;

Och jag kommer att älska dig fortfarande min kära,

Till dess havet torkar.

Tills havet torkar ut, min kära,
Och klipporna smälter med solen:
Jag kommer att älska dig fortfarande, min kära,
Medan livets sand skall rinna.
Och far dig väl, min enda älskling!
Och far dig väl ett tag!
Och jag ska komma igen, min älskade,
Även om det var tiotusen mil. (13)

Vi övergick till tumultartade applåder medan Robbie förberedde sig för ett extranummer. Inte en chans att han skulle komma därifrån utan att göra mer än en melodi!

MITT HJÄRTA ÄR I HÖGLÄNDERNA

Mitt hjärta är i högländerna, mitt hjärta är inte här;
Mitt hjärta är i högländerna, jagar hjortar;
Jagar de vilda hjortarna och följer rådjuren
Mitt hjärta är i högländerna vart jag än går.
Farväl till högländerna, farväl till Norden!
Tapperhetens födelseplats, värdighetens land;
Vart jag än vandrar, vart jag än reser,
Högländernas kullar för evigt jag älskar.
Farväl till de höga bergen täckta av snö!
Farväl till straths och gröna dalar nedanför!
Farväl till skogarna och de vilda hängande skogarna!
Farväl till bäckar och flodvågor!
Mitt hjärta är i högländerna, mitt hjärta är inte här,
Mitt hjärta är i högländerna och jagar hjortarna;
Jagar de vilda hjortarna och följer rådjuren.
Mitt hjärta är i högländerna vart jag än går. (14)

Korkarna smällde och champagnen flödade och skålades i överallt i rummet. När Robbie sjungit färdigt och tagit sitt glas i handen började nedräkningen:

"10,9,8,7,6,5,4,3,2,1 - GOTT NYTT ÅR!"

Vi ställde oss alla upp, axel mot axel med armarna om varandra och började sjunga:

AULD LANG SYNE

Skulle en gammal bekantskap glömmas bort,

Och aldrig komma ihåg?

Ska gamla bekanta glömmas bort,

Och auld lang syne?

Cho - För auld lang syne, min kära,

För auld lang syne,

Vi ska ta en kopp vänlighet ännu

För auld lang syne!

Och säkert kommer du att vara din pint-stowp,

Och jag ska vara min,

Och vi ska ta en kopp vänlighet ännu

För auld lang syne!

Cho - För auld lang syne, min kära,

För auld lang syne,

Vi ska ta en kopp vänlighet ännu

För auld lang syne!

Vi tre har sprungit runt i bergen

And pou'd the gowans fine,

Men vi har vandrat monie en tröttsam passform

Sin' auld lang syne.

Cho - För auld lang syne, min kära,

För auld lang syne,

Vi ska ta en kopp vänlighet ännu
För auld lang syne!
Vi tre har betalat i brännan
Från morgonsol till middag,
Men hav mellan oss flätor har brusat
Sin' auld lang syne.
Cho - För auld lang syne, min kära,
För auld lang syne,
Vi ska ta en kopp vänlighet ännu
För auld lang syne! (15)

Robbie började blekna trots att han fortfarande tittade på vår serenad. Han återvände och bleknade sedan lite till.

Vi fortsatte att sjunga - för det var den största komplimang vi kunde ge honom. Att älska hans verk, att känna och förstå de känslor han kände när han skrev "Auld Lang Syne". Det var en tradition för oss och skulle alltid vara det. Robbie Burns hade skapat en plats i allas våra hjärtan för alltid.

Jag hoppas att ni vill veta mer om Robbie Burns. Jag applåderar följande:

Om ett älskat barns död
Kvinnans rättigheter
Tam o'Shanter
Till en tusensköna i bergen
Poetens välkomsthälsning till sin bortgångne kärlek
Auld Lang Syne
Den unge höglandsvandraren
Lament

En bardens epitafium
En vinternatt
Epigram riktat till en konstnär
Hennes svar
Vintern: En Dirge
Jag älskar min kärlek i hemlighet
Linje om författarens död
Yon Wild Mossy Mountains
På havet och långt borta
En vision
Livets vinter
En spelman i norr
En dedikation
Anna, din charm
Castle Gordon
Gå vidare, söta fågel, och lugna min oro
Hur lång och trist är natten
Rader vid författarens död
Människan skapades för att sörja: en dirge
Naturens lag - en dikt.
Beannachd leat!
Cathy McGough
Din intervjuare av legendariska författare från bortom

TWAIN FÖRKLARAR VAD SOM LIGGER I ETT NAMN

God dag, allihop! Innan vår ärade gäst anländer vill jag bara ta en stund och avslöja något för er. Innan jag började förbereda mig för den här intervjun visste jag ingenting om Mark Twain. Jag trodde att jag kände till honom - efter att ha läst: "Prinsen och fattighjonen", 'Tom Sawyers äventyr', 'Huckleberry Finn' och 'Pudd'n'head Wilson'. Jag trodde att jag förstod mannen bakom dessa böcker, men jag hade fel.

Jag ska inte gå in på detaljer om Mark Twains privatliv här, men innan han kommer måste jag berätta att om man inte läser om mannen kan man omöjligen förstå hans texter. Visst kan man få en ytlig förståelse, men man kommer inte att kunna se att han var mer än bara Amerikas störste gycklare. Han var också en av Amerikas mest djupgående filosofer.

Samuel Langhorne Clemens föddes den 30 november 1835 i Florida, Missouri. Innan han var trettio år gammal såg han många allvarliga orättvisor, som en ung pojke aldrig borde vara vittne till. Tragedin omgav Mr Twain i hans personliga liv och genom de grymheter han såg i världen omkring honom. Vid det laget var han så äcklad av livet att han satte en laddad pistol mot sitt huvud, men fann att han saknade modet att trycka av. (1)

Medan jag funderade över vad världen skulle ha gått miste om om Mr Twain hade tagit sitt liv -

tittade jag upp och såg honom komma gående mot mig. Han bar en vit byxdress med en vit bredrandig chapeau och bruna skor. I sin högra hand höll han en otänd pipa och hans ögon fängslade mig med sin mildhet. Jag sträckte ut min hand och välkomnade honom för andra gången till Sydney, Australien. (Hans första besök var den 15 september 1885.) (2)

Han lyfte på hatten och lutade sig sedan ut på balkongen för att njuta av utsikten. Han lyssnade efter sin gamla vän skatan och satte sig sedan bredvid mig. Jag erbjöd honom en stor uppfriskande Mint Julep. Han smuttade på den och njöt tydligt av innehållet.

Q: Finns det någon plats i Australien som har fångat din fantasi?

A: Utan att tveka, The Blue Mountains. Med rätta namngivet. "My word!" som australiensarna säger, men det var en fantastisk färg det där blå. Djup, stark, rik, utsökt; höga och majestätiska massor av blått - ett mjukt lysande blått, ett pyrande blått, som om det vagt upplystes av eldar inombords. Det släckte himlens blå - gjorde den blek och ohälsosam, vitaktig och urtvättad. En underbar färg - helt gudomlig.

En invånare berättade för mig att det inte var berg, han sa att det var kaninhögar. Och förklarade att lång exponering och kaninernas övermogna tillstånd var det som gjorde att de såg så blå ut.

Den här mannen kan ha haft rätt, men mycket läsning av reseböcker har gjort mig misstänksam mot gratis information som tillhandahålls av inofficiella invånare i ett land. De fakta som sådana människor ger till resenärer är vanligtvis felaktiga, och ofta otrevligt så. Kaninpesten har verkligen varit mycket allvarlig i Australien, och den skulle kunna förklara ett berg, men inte en bergskedja, tycker jag. Det är en för stor beställning. (3)

Q: Något annat du skulle vilja nämna?

A: Ja, verkligen! Melbourne Cup - den australasiatiska nationaldagen. Det skulle vara svårt att överdriva dess betydelse. Den överskuggar alla andra helgdagar och specialdagar av något slag i denna samling av kolonier. Överskuggar dem? Jag skulle nästan kunna säga att den suddar ut dem.

Var och en av dem får uppmärksamhet, men inte allas; var och en av dem väcker intresse, men inte allas; var och en av dem väcker entusiasm, men inte allas; i varje fall är en del av uppmärksamheten, intresset och entusiasmen en fråga om vana och kutym, och en annan del av den är officiell och ytlig. Cup Day, och endast Cup Day, väcker en uppmärksamhet, ett intresse och en entusiasm som är universell - och spontan, inte ytlig.

Cup Day är suverän, den har ingen rival. Jag kan inte komma på någon specialiserad årlig dag, i något land, som kan benämnas med det stora namnet - Supreme. Jag kan inte komma på någon speciell årlig dag, i något land, som närmar sig och som får hela landet att brinna upp av samtal, förberedelser, förväntan och jubel. Ingen dag utom denna; men denna gör det. (4)

Q: Hur valde du ditt namn?

A: Jag ville ha något kort, skarpt, bestämt, oförglömligt. Jag provade många olika kombinationer, men ingen verkade övertygande. Sedan - 1863 - fick jag veta att en gammal pilot som jag en gång känt, Isaiah Sellers, var död. Genast kom jag att tänka på kapten Sellers som pseudonym. Det var det; det var den sortens namn jag ville ha. Det var inte trivialt, det hade alla de rätta egenskaperna - Sellers skulle aldrig behöva det igen. Med den tankegången kom jag att tänka på namnet Mark Twain. Det var en gammal flodterm, ett ledarord, som betydde två famnar - tolv fot. Det hade en rikedom över sig; det var alltid ett trevligt ljud för en lots att höra en mörk natt; det betydde säkert vatten. (5)

Q: Du har rest över hela världen, vilken plats eller sak har gjort störst intryck på dig?

A: Adams grav! Hur rörande var det inte att i främlingars land, långt borta från hem och vänner och alla som brydde sig om mig, upptäcka en blodsbandes grav. Visserligen en avlägsen sådan, men ändå en släkting. Naturens osvikliga instinkt gjorde att jag kände igen den. Min barnsliga tillgivenhets källa rördes till sitt djupaste djup, och jag gav vika för tumultartade känslor. Jag lutade mig mot en pelare och brast ut i tårar. Jag anser det inte vara någon skam att ha gråtit över min stackars döda släktings grav. Låt den som hånar mina känslor själv besöka det heliga landet och se hur hans känslor påverkas. (6)

Q: Tom lärde sig en värdefull läxa den lördag då hans moster Polly tvingade honom att tvätta hennes staket. Skulle du kunna läsa den passagen för oss?

A: Ja, Tom, alltid en företagsam pojke:

TOM SAWYERS ÄVENTYR

Tom sa till sig själv att det inte var en så ihålig värld trots allt. Han hade upptäckt en stor lag för mänskligt handlande, utan att veta om det, nämligen att för att få en man eller en pojke att åtrå en sak, är det bara nödvändigt att göra saken svår att uppnå. Om han hade varit en stor och vis filosof, som författaren till denna bok, skulle han nu ha förstått att arbete består av allt som en kropp är tvungen att göra, och att lek består av allt som en kropp inte är tvungen att göra. Och detta skulle hjälpa honom att förstå varför det är arbete att konstruera konstgjorda blommor eller att uppträda på ett löpband, medan det bara är nöje att rulla käglor eller bestiga Mont Blanc. Det finns förmögna herrar i England som kör fyrhästade passagerarbussar tjugo eller trettio mil om dagen på sommaren, eftersom privilegiet kostar dem avsevärda pengar; men om de erbjöds lön för den tjänst som skulle förvandlas till arbete, skulle de säga upp sig. (7)

Q: Min son ska precis börja sitt första skolår. Har du något råd till honom?

A: S äg åt honom att när en mobbare vill slåss mot honom, ta av sig rocken, långsamt och medvetet, och se honom rakt i ögonen. Sedan tar han av sig västen, fortfarande långsamt och medvetet. Sedan rullar han upp ärmarna och fortsätter att se honom rakt i ögonen. Och om motståndaren vid det laget inte har sprungit sin väg, då är det bäst att han själv gör det. (8)

Q: Vilken skatt du skapade i karaktären Pudd'n'head Wilson, så full av humor och visdom. Har du något favoritcitat från den boken?

A: Det finns ingen karaktär, hur god och fin den än är, men den kan förstöras genom förlöjligande, hur dålig och vettlös den än är. Se till exempel på åsnan: hans karaktär är i det närmaste perfekt, han är den finaste själen bland alla de ödmjukare djuren, men se vad förlöjligandet har fört honom till. Istället för att känna sig komplimangerade, när vi kallas en åsna, lämnas vi i tvivel. (9)

Q: Jag upptäckte en hårdtslående antikrigsdikt i din samling. Kan du förklara hur du kom på att skriva den?

A: Mänsklighetens historia är inte mycket mer än en sammanfattning av mänsklig blodsutgjutelse. Först kom en lång rad okända krig, mord och massakrer ... Sedan kom de assyriska krigen ... Sedan kom egyptiska krig, grekiska krig, romerska krig, ohyggliga blodbad på jorden ... Och alltid krig, mer krig - över hela Europa, över hela världen. Ibland i kungafamiljernas privata intresse, ibland för att krossa en svag nation; men aldrig ett krig som startats av en angripare i något rent syfte - det finns inget sådant krig i rasens historia. (10)

Q: Skulle du kunna läsa det för oss?

A: Jag kan den utantill:

KRIGSBÖNEN

O Herre vår Gud, hjälp oss att slita deras soldater i blodiga strimlor med våra granater; hjälp oss att täcka deras leende fält med de bleka formerna av deras döda patrioter; hjälp oss att dränka kanonernas dån med skriken från deras sårade, som vrider sig i smärta; hjälp oss att ödelägga deras ödmjuka hem med en orkan av eld; hjälp oss att vrida hjärtat på deras ofrivilliga änkor med oändlig sorg; hjälp oss att vända dem ut taklösa med sina små barn för att vandra utan vänner genom ödemarkerna i deras ödelagda land i trasor och hunger och törst, sport för solens flammor på sommaren och isiga vindar på vintern, bruten i ande, sliten av arbete, som bönföll Dig om gravens tillflykt och nekades den - för våra skullars skull som tillber Dig, Herre, spräng deras hopp, fördärva deras liv, skydda deras bittra pilgrimsfärd, gör deras steg tunga, vattna deras väg med tårar, fläckas den vita snön med blodet från deras sårade fötter! Bevilja vår bön, o Herre, och Din skall vara lovet och äran nu och för evigt, Amen. (11)

Q: Vilket är det snabbaste sättet att fånga en författares hjärta?

A: Det finns tre ofelbara sätt att tillfredsställa en författare, de tre bildar en stigande skala av komplimanger: 1. att berätta att du har läst en av hans böcker; 2. att berätta att du har läst alla hans böcker; 3. att be honom låta dig läsa manuskriptet till hans kommande bok. Nr 1 ger dig hans respekt; nr 2 ger dig hans beundran; nr 3 bär dig rakt in i hans hjärta. (12)

Q: Tycker du att Horace hade rätt när han sa "Ingen författare kan få andra att gråta om han inte själv har gråtit"? (13)

A: Ord kan inte förverkliga något, inte levandegöra något för dig, om du inte själv har upplevt det som orden försöker beskriva. (14)

Q: Har du något råd du skulle vilja ge till författare från år 2003 och framåt?

A: Använd ett enkelt och tydligt språk, korta ord och korta meningar. Det är så man skriver engelska - det är det moderna sättet och det bästa sättet. Håll dig till det; låt inte fluff och blommor och ordrikedom smyga sig in. När du fångar ett adjektiv, döda det. Nej, jag menar inte helt och hållet, men döda de flesta av dem - då blir resten värdefullt. De försvagas när de står nära varandra. De ger styrka när de är långt ifrån varandra. En adjektivvana, eller en ordrik, diffus, blommig vana, som en gång har fastnat hos en person, är lika svår att bli av med som vilken annan last som helst. (15)

Q: Jag tror att du har en fabel för att visa din poäng?

A: Ja, det har jag verkligen!

EN FANTASI

Det var en gång en konstnär som hade målat en liten och mycket vacker tavla och placerat den så att han kunde se den i spegeln. Han sa: "Det här fördubblar avståndet och gör den mjukare, och den är dubbelt så vacker som den var förut."

Djuren ute i skogen fick höra om detta genom huskatten, som de beundrade mycket eftersom han var så lärd, så förfinad och civiliserad, så artig och högdragen och kunde berätta så mycket för dem som de inte visste förut och som de inte var säkra på efteråt. De blev mycket upphetsade över detta nya skvaller, och de ställde frågor för att få en fullständig förståelse för det. De frågade vad en bild var, och katten förklarade.

"Det är en platt sak", sa han, "underbart platt, underbart platt, förtrollande platt och elegant. Och ack så vacker!"

Det gjorde dem nästan alldeles till sig och de sa att de skulle ge allt för att få se den.

Då frågade björnen: "Vad är det som gör den så vacker?"

"Det är utseendet", sa katten.

Detta fyllde dem med beundran och osäkerhet, och de var mer upphetsade än någonsin.

Då frågade kon: "Vad är en spegel?"

"Det är ett hål i väggen", sa katten. "Man tittar in i det och där ser man bilden, och den är så fin och förtjusande och eterisk och inspirerande i sin ofattbara skönhet att huvudet snurrar runt och runt och man nästan svimmar av extas."

Åsnan hade ännu inte sagt något, men nu började han tvivla. Han sa att det aldrig hade funnits något så vackert som detta förut, och förmodligen inte nu heller. Han sade att när det krävdes en hel korg full av sesquipedaliska adjektiv för att fördärva en skönhet, var det dags att misstänka.

Det var lätt att se att dessa tvivel hade en effekt på djuren, så katten gick och blev förolämpad. Ämnet lämnades därhän för ett par dagar, men under tiden fick nyfikenheten en nystart och ett förnyat intresse kunde skönjas. Då överföll djuren åsnan för att ha förstört vad som möjligen kunde ha varit ett nöje för dem, på grund av en ren misstanke om att bilden inte var vacker, utan några bevis för att så var fallet. Åsnan lät sig inte störas, han var lugn och sa att det bara fanns ett sätt att ta reda på vem som hade rätt, han själv eller katten: han skulle gå och titta i hålet och komma tillbaka och berätta vad han hittade där. Djuren kände sig lättade och tacksamma och bad honom att genast gå dit - vilket han också gjorde.

Men han visste inte var han skulle ställa sig, och av misstag ställde han sig därför mellan tavlan och spegeln. Resultatet blev att bilden inte hade någon chans och inte syntes.

Han återvände hem och sa: "Katten ljög. Det fanns inget annat i det hålet än en röv. Det fanns inte ett tecken på en platt sak synlig. Det var en stilig rumpa, och vänlig, men bara en rumpa och inget mer."

Elefanten frågade: "Såg du den klart och tydligt? Var du nära den?"

"Jag såg den klart och tydligt, o Hathi, djurens konung. Jag var så nära att jag rörde näsan med den."

"Det här är mycket märkligt", sade elefanten, "katten var alltid sanningsenlig förut - såvitt vi kunde förstå. Låt ett annat vittne försöka. Gå, Baloo, titta i hålet och kom tillbaka och rapportera."

Så gick björnen. När han kom tillbaka sade han: "Både katten och åsnan har ljugit; det fanns inget annat i hålet än en björn."

Stor var djurens förvåning och förbryllelse. Var och en var nu angelägen om att göra testet själv och få fram den raka sanningen. Elefanten skickade dem en i taget.

Först kon. Hon hittade inget annat i hålet än en ko.

Tigern hittade inget annat än en tiger.

Lejonet hittade inget annat än ett lejon.

Leoparden hittade inget annat än en leopard.

Kamelen fann en kamel, och ingenting mer.

Då blev Hathi vred och sade att han ville ha sanningen, även om han var tvungen att gå och hämta den själv. När han återvände skällde han ut alla lögnare och var i ett outhärdligt raseri över kattens moraliska och mentala blindhet. Han sa att vem som helst, utom en närsynt dåre, kunde se att det inte fanns något annat i hålet än en elefant.

MORALISK, AV KATTEN

I en text kan du finna vad du vill, om du bara ställer dig mellan den och din fantasis spegel. Du kanske inte ser dina öron, men de kommer att finnas där. (16)

När han var färdig började Mr Twain lämna mig. Jag ville berätta för honom om hans stjärna på "Writer's Walk" vid Circular Quay. Jag berättade kortfattat, medan han tonade in och ut. Jag ville säga mer - men tyvärr försvann han. *Följande verk får mitt varmaste beröm:*

Att följa ekvatorn

Tom Sawyers äventyr

Livet på Mississippi

De oskyldiga utomlands

Prinsen och den fattige

Pudd'n'head Wilson

Adams dagbok

Den mystiske främlingen

En yankee från Connecticut i kungens hov

Är Shakespeare död?

Ett monument till Adam

Ett mänskligt ord från Satan

Hur man berättar en historia

Min första lögn och hur jag tog mig ur den

Mannen som fördärvade Hadleyburg

Var det himlen? Eller helvetet?

Vi ses!

Cathy McGough

Din intervjuare av legendariska författare från bortom

COLERIDGE OCH PASSIONSFRUKT

ej på er alla! Idag ska vi få träffa Samuel Taylor Coleridge, som föddes den 21 oktober 1772. Samuel var den yngste sonen till rektorn i Ottery, St Mary's i Devonshire, England.

Coleridge är en sällsynt författare, eftersom han besatt den anmärkningsvärda kombinationen av filosofen, kritikern och poeten i en och samma person. Som filosof och kritiker kunde Coleridge omedelbart se resultatet av sitt arbete. Men som poet var Coleridge tvungen att vänta på att hans musa skulle erbjuda inspiration.

Som poet har Coleridge kallats "skönhetens apostel" (1), vilket är en ganska skrämmande titel för vem som helst att leva upp till.

Coleridge uppnådde denna status genom att skriva strofer som de i gamla populära ballader som "The Rime of the Ancient Mariner". Den berättades i sju delar, och många ser den än idag som hans största mästerverk.

Medan vi väntar på hans ankomst ska jag läsa del III av dikten för dig:

DEN GAMLE SJÖFARARENS RIME

Är det hennes revben genom vilka solen

Tittade, som genom ett galler?

Och är den kvinnan hela hennes besättning?

Är det en död? Och finns det två?

Är Döden den kvinnans partner?

Hennes läppar var röda, hennes blick var fri,

Hennes lockar var gula som guld:

Hennes hud så vit som spetälska,

Nattmardrömslivet i Döden var hon,

Som förtjockar människans blod med kyla.

Den nakna skrovet vid sidan kom,

Och de två kastade tärning;

"Spelet är över! Jag har vunnit! Jag har vunnit!

Sade hon och visslade tre gånger. (2)

Jag tittade upp från min blå inbundna bok med skatter och såg att Samuel Taylor Coleridge gick genom mitt vardagsrum och gjorde mig sällskap på vår uteplats.

Han var inte lång, men kraftig, och hade mycket mörkt hår. Jag mindes att jag hade läst att Coleridge en gång hade beskrivit sig själv som en "stor sengångare". (3)

När han gick genom rummet kände jag att han hade gjort sig själv en stor orättvisa. Mr Coleridge klädde sig inte med stil - men han hade en älskvärd mildhet över sig - som en teddybjörn.

Vi hälsade på varandra och jag erbjöd honom en plats. Han uttryckte sin preferens, som var att strosa runt i trädgården.

Jag uppmuntrade honom och pekade ut mogna passionsfrukter, som var tunga på sin vinstock.

Han verkade fascinerad av dem och tog en i sina händer och kupade den som om den var dyrbar. Han sniffade på den och vände på den.

Jag frågade om han ville smaka och skyndade mig ut i köket för att hämta en kniv och en skärbräda.

Han placerade frukten på brädan och verkade först ganska intresserad, men när jag skar den på mitten tappade han lusten. Han tittade på de stora svarta kärnorna bland det gulaktiga fruktköttet och vände sig bort i avsmak.

När det var gjort gick han runt i trädgården med händerna knäppta bakom ryggen en kort stund och vände sig sedan plötsligt i min riktning där han inväntade min första fråga.

Q: Mr Coleridge, hurdan var ni som barn?

A: Som barn lekte jag alltid ensam. Jag spelade upp böcker och låtsades att jag var en hjälte som kung Arthur eller Hamlet eller Robinson Crusoe. (4)

Q: Ditt liv blev ensammare och svårare när din far dog och du fick bo hos din farbror. Skulle du vilja dela med dig av några minnen från den tiden?

A: Min farbror skickade mig till Christ's Hospital, en berömd välgörenhetsskola för blårocksstipendiater. Varje morgon fick jag en bit torrt bröd och en illaluktande öl. Varje kväll en stor bit bröd och ost eller smör.... Förutom på onsdagar var jag aldrig mätt. Vår aptit var dämpad, vi blev aldrig mätta, vi hade inga grönsaker.

Dagarna, de svåraste dagarna var semesterdagar. Familj och vänner kom på besök. De som stannade kvar, de som inte hade familj eller vänner, fick utstå en dag då portarna var stängda från morgon till kväll. Vid något enstaka tillfälle flydde jag in till London på egen hand och gömde mig på marknaderna i väntan på att tiden skulle gå. (5)

Q: Vem var "Silas Titus Comberbach"?

A: Silas Titus Comberbach var ett namn som jag uppfann under mitt andra år i Cambridge. Jag bestämde mig för att ta värvning vid ett dragonregemente. Det var inget för mig. Jag var en mycket besvärlig ryttare och kunde inte hålla mig i sadeln. Jag kunde inte ens rengöra min häst ordentligt och förlorade det mesta av min utrustning. Till och med min karbin rostade. Men mina kamrater verkade inte bry sig om det eftersom jag berättade historier och dikter för dem. En dag när jag skrubbade min häst i stallet hittade jag en bit krita. Jag skrev en latinsk inskription på väggen. En officer såg vad jag hade skrivit och utnämnde mig till sin ordonnans. Min uppgift var då att gå bakom min officer på gatorna. Tyvärr kände någon från Cambridge igen mig och rapporterade mig. Det var slutet för Silas Titus Comberbach. (6)

Q: När "The Rime of the Ancient Mariner" publicerades skrämde dess innehåll och stil många läsare till vansinne. En kritiker skrev att det kom från "inget normalt sinne". Kan du förklara vad som skrevs i "The Morning Post"?

Mr Coleridge skrattade, satte sig bredvid mig och lade handen på hakan och sa sedan:

A: En av kritikerna i "The Morning Post" skrev: "Här är en mardröm som bara en man kan uppleva i ett svimningsanfall när blodet blir kallt och svetten tyst smälter från hans lemmar."

Det stod klart för mig att många läsare inte kunde förstå den, och en av dem skickade en anonym strof till tidningen, som löd

"Din dikt måste för evigt vara,

Käre herrn! Den kan inte misslyckas,

För den är obegriplig,

Och utan huvud eller svans."

En vän till mig kom med tidningen och frågade upprört: "Vem i hela friden kan ha skickat in det här?" Jag såg honom djupt i ögonen och sa: "Det gjorde jag." Vi två föll sedan ihop i rummet och skrattade. Och så är moralen, för att lura en kritiker, VAR en kritiker! (7)

Q: Eller så kan du bara ignorera dem och hoppas att de försvinner! Du vill väl inte att de ska ha makten att få dig att ge upp skrivandet för att i stället försöka dig på något annat, som att predika, eller hur? Jag syftar på ditt kortlivade kall som präst i Bath.

A: Det var sjutton personer i kapellet, och när jag knappt hade börjat smög sig en av dem tyst ut ur kapellet. Några minuter senare en till, och sedan en till och sedan en till och sedan en till. När predikan var slut fanns det ingen kvar utom en äldre kvinna. Hon sov djupt. Jag bestämde mig för att hitta ett annat sätt att tjäna bröd och ost. (8)

Q: Skulle du kunna tänka dig att läsa något för mig?

A: Givetvis, kära dam:

KUBLA KHAN

I Xanadu gjorde Kubla Khan

En ståtlig nöjesdome förordna;

Där Alph, den heliga floden, rann

Genom grottor som var oöverskådliga för människan

ner till ett solfattigt hav.

Så två gånger fem miles av bördig mark

Med murar och torn omgärdades runt

Och här var trädgårdar ljusa med slingrande rännilar,

Där blommade många rökelsebärande träd

Och här fanns skogar lika gamla som kullarna,

som omslöt soliga fläckar av grönska.

Men åh! Den djupa romantiska klyftan som lutade

Nerför den gröna kullen genom en cedarn täckning!

En vild plats! Så helig och förtrollad

Som någonsin under en avtagande måne var
hemsökt
Av kvinna som klagade för sin demon-älskare!
Och från denna klyfta, med oupphörlig oro
sjudande,
Som om denna jord i snabba tjocka byxor andades,
En mäktig fontän tvingades ögonblickligen;
Mitt i dess snabba halvt inskjutna utbrott
Enorma fragment välvde sig som studsande hagel,
Eller korn under tröskans slag;
Och mitt bland dessa dansande klippor på en gång
och för alltid
Det kastade upp ögonblickligen den heliga floden;
Fem miles slingrande med en orolig rörelse
Genom skog och dal den heliga floden rann,
Sedan nådde den grottorna som var oändliga för
människan,
Och sjönk i tumult till en livlös ocean;
Och mitt i detta tumult hörde Kubla från fjärran
Röster från förfäderna som profeterade om krig!
Skuggan av njutningens kupol
Flöt mitt på vågorna;
Där hördes det blandade måttet
Från fontänen och grottorna.
Det var ett mirakel av sällsynta anordningar,
En solig nöjesdome med grottor av is!
En jungfru med en dulcimer
I en vision såg jag en gång;
Det var en abessinsk jungfru,

Och på dulcimer hon spelade,
Sjungande om Mount Abora
Kunde jag återuppliva inom mig,
Hennes symfoni och sång,
Till en sådan djup glädje t'would vinna mig,
Att med musik högt och länge,
Jag skulle bygga den kupolen i luften,
Den soliga kupolen! Dessa grottor av is!
Och alla som hörde skulle se dem där,
Och alla skulle ropa Akta er! Akta er!
Hans blixtrande ögon, hans svävande hår!
Och blunda med helig fruktan,
För han har ätit honungsdagg,
Och druckit Paradisets mjölk. (9)

Fråga: Har du något råd till poeter år 2003 och framåt?

A: Poesi måste inte bara vara enkel, den måste också vara magisk. Poeten måste gräva sig ner i sitt undermedvetnas djupa cisterner och i den normala upplevelsevärldens friska solsken låta sin fantasis kristallfloder bubbla upp och återspegla landskapet i en övernaturlig såväl som naturlig värld. En dikt är den typ av komposition som står i motsats till vetenskapliga verk genom att som sitt omedelbara objekt föreslå njutning, inte sanning; och från alla andra arter (som har detta objekt gemensamt med den) - den särskiljs genom att föreslå sig själv en sådan glädje från helheten som är förenlig med en distinkt tillfredsställelse från varje komponentdel. Det goda förnuftet är det poetiska geniets kropp, fantasin dess draperi, rörelsen dess liv och fantasin den själ som finns överallt och i var och en och som formar allt till en graciös intelligent helhet. Varje människas språk varierar, beroende på omfattningen av hennes kunskap, aktiviteten hos hennes förmågor och djupet eller snabbheten i hennes känslor. (10)

Q: Skulle du vilja dela med dig av ytterligare en dikt innan du lämnar år 2003? Tack för att du ville träffa mig.

A: Jag skulle vilja lämna er med hopp, för när jag var bland er fann jag mig aldrig ensam bland klippor och kullar ... utan min ande gjorde karriär, drev och rörde sig som ett löv på hösten; en vild aktivitet av tankar, föreställningar, känslor och rörelseimpulser steg upp inom mig ... Ju längre jag steg upp från den besjälade naturen ... desto större blev intensiteten i känslan för liv inom mig. Livet föreföll mig då vara en universell ande, som varken hade eller kunde ha en motsats. Gud fanns överallt och ändå fanns det plats för döden? (11)

ARBETE UTAN HOPP

Hela naturen verkar vara i arbete. Sniglarna lämnar sina hålor -

Bina rör på sig - fåglarna är på vingen -

Och vintern slumrar i den öppna luften,

Bär på sitt leende ansikte en dröm om våren!

Och jag, den enda obesvärade saken,

Varken honung göra, eller par, eller bygga, eller sjunga

Men väl känner jag stränderna där amaranths blåser,

Har spårat källan varifrån strömmar av nektar flödar,

Blommar, O ni amaranths! Blommar för vem ni vill,

För mig blommar ni inte! Glid, rika strömmar, bort!

Med läppar utan ljus, utan kransar i pannan, vandrar jag:

Och vill du lära dig de trollformler som dåsar min själ?

Arbete utan hopp drar nektar i en sil,

Och hopp utan ett objekt kan inte leva. (12)

Samuel Taylor Coleridge tog upp en passionsfrukt i vardera handen och antydde att han ville ta dem med sig. Jag nickade instämmande. Han stoppade försiktigt en i vardera fickan och på något sätt visste jag att han bar dem med sig som ett minne av sin resa. I hans ära reciterade jag de ljuva orden från:

ASRA

Att vara älskad är allt jag behöver,

Och den jag älskar, den älskar jag verkligen. (13)

Jag stöder personligen följande verk av Samuel Taylor Coleridge:

Christabel

Kärlek

Ungdom och ålder

Nedstämdhet: en ode

Piccolomini
Ode till stillheten
Ode till det år som går
Frost vid midnatt
Biografia Literaria: 1817
Reflektioner över att ha lämnat en plats för pensionering
Lime Tree Bower, mitt fängelse
Dungeon (fängelsehålan)
Rädslor i ensamhet
Sömnens smärtor
Fantomen
Vad är livet?
Inskription för en fontän på en hed
Människans liv
Tid, verklig och imaginär
Förnuft
Önskan
Beod ge gesunde
Cathy McGough
Din intervjuare av legendariska författare från bortom

NATHANIEL HAWTHORNE VÄNDER PÅ STEKEN

Madame Delatour var mycket sjuk. Hennes personliga läkare - Dr Weinstein - gjorde ett hembesök där han beordrade henne att ta lite allvarlig R&R.

Med en motvillig patient i mina händer informerade jag Blanchetta om att Dr Weinstein hade lämnat mig som ansvarig för henne (Obs: om du måste berätta för din patient att du är ansvarig så kan du alltid förvänta dig problem!) Därför skulle vi inte göra några av våra planerade intervjuer, inklusive den med Mr Nathaniel Hawthorne, förrän hon var helt återställd.

"Ha!" utbrast hon och tillade sedan, 'the Show must go on!' och sedan började hon sjunga Freddie Mercurys låt med samma namn i en medryckande kör.

Det dröjde inte länge förrän hon började hosta och spruta och till slut hackade sig fram till soffan där hon lade sig med huvudet i händerna.

Där var hon, iförd sina rosa Ugg-stövlar med päls, med en vinröd morgonrock fäst i nacken, håret under en psykedelisk badmössa, utan smink förutom ett tjockt lager av klarrött läppstift.

Om man oväntat stötte på henne i det tillståndet kunde man tro att man kommit in i Mr Serlings "Twilight Zone". Om du lyssnade noga skulle du förmodligen ha hört: "Do, do do do do, Do, do, do, do, do." Faktum är att jag slår vad om att du hör temat från serien just nu.

Tillbaka till vår patient ... det var vid den tiden när jag erbjöd Madame ett gott kallt glas vatten för att sänka hennes feber. Hon sköt bort mig och krävde istället en stor shot av Chivas Regal på is. Jag uttryckte min oro över hennes ohälsosamma val av dryck eftersom Dr Weinstein i det närmaste hade förbjudit alkohol.

Till slut nådde vi en kompromiss: en enda urvattnad shot med mycket is.

Därefter lutade hon sig tillbaka på schäslongen och smuttade med lillfingret i luften för att försöka samla tillräckligt med styrka för att ta sig ut i världen.

Tyvärr insåg hon snart att hon fortfarande var alldeles för svag och bad om en shot till. Jag gick med på det med extrem motvilja.

Efter att ha druckit upp den gick hon något ostadigt upp för trappan där hon sa att hon skulle vila i lugn och ro och samla krafter.

Jag upptäckte en hel flaska sprit under hennes arm och konfiskerade den innan jag skickade henne vidare upp för att vila upp sig. Under tiden utnyttjade jag lugnet och tystnaden till att läsa igenom den information som jag med tiden hade samlat på mig om vår intervjuare som var Mr Nathaniel Hawthorne.

Hawthorne föddes i Salem, Massachusetts den[4] juli 1804. Hans far dog när han var fyra år gammal och lämnade sin mor att uppfostra honom och hans två systrar Elizabeth och Maria. Mrs Hawthorne, som var förtvivlad efter sin makes död, förde bort sina tre barn till sin fars hem. Hennes bror Robert intresserade sig för Nathaniel och tog på sig att utbilda sin brorson.

Jag tittade ut på natthimlen och kom att tänka på en av Mr Hawthornes dikter:

ADRESS TILL MÅNEN

Hur ljuvlig är inte den silverfärgade månens bleka stråle,

Faller darrande på den avlägsna bukten,

Över vilken briserna inte suckar mer,

Eller böljor piskar den ljudande stranden.

Säg, gör ögonen på dem jag älskar,

Skåda dig när du svävar ovanför,

Ensam, majestätisk och fridfull,

Den lugna och fridfulla kvällens drottning?

Säg, om på ditt fridfulla bröst,

Avlidna själar finna sin vila,

För vem skulle önska ett vackrare hem,

Än i den ljusa, refulgent kupolen? (1)

Jag skakade till och vände mig om precis i tid för att höra Blanchettas röst ropa på mig från övervåningen: "Jaha, Cathy, mr Hawthorne är på väg."

Han hade en djup chokladmustasch med gråa fläckar och långt böljande hår. Hans panna var maskerad av ett litet lock och hans mörka tunga ögonbryn tycktes framhäva den mörkblå färgen på hans ögon.

Han sträckte ut sin hand mot mig och tog sedan min andra hand i sin och höll fast den medan han såg mig i ögonen. Det kändes som om han försökte läsa mig.

Efter några sekunder tog han ett djupt andetag, bugade och uttryckte sedan sin oro för madame Delatour. Jag försäkrade honom om att hon hade blivit undersökt av en läkare och att hon skulle bli bra om hon följde hans order.

Då frågade helt oväntat Mr Hawthorne:

Q: Du är en spirande författare förstår jag?

A: Ja, Mr Hawthorne.

A: Då har jag ett råd till dig, och det är det viktigaste råd jag kan ge dig. Lyssna noga - det här kan vara allt jag har att erbjuda dig.

När författaren kastar ut sina blad i vinden vänder han sig inte till de många som kommer att kasta bort hans volym eller aldrig ta upp den, utan till de få som kommer att förstå honom bättre än de flesta av hans skolkamrater eller livskamrater.

Vissa författare gör faktiskt mycket mer än så och hänger sig åt så förtroliga djup av uppenbarelser att de lämpligen bara och uteslutande kan riktas till ett hjärta och ett sinne av fullkomlig sympati; som om den tryckta boken, som kastas ut över den vida världen, säkert skulle finna det delade segmentet av författarens egen natur och fullborda hans existenscirkel genom att föra honom i gemenskap med den.

Men eftersom tankar är frusna och yttranden bedövade om inte talaren står i någon verklig relation till sin publik, kan det vara förlåtligt att föreställa sig att en vän, en vänlig och orolig, om än inte den närmaste vännen, lyssnar på vårt samtal; och sedan, när en medfödd reservation tinas upp av detta vänliga medvetande, kan vi prata om omständigheterna som finns runt omkring oss, och till och med om dig själv, men fortfarande hålla det innersta Jaget bakom sin slöja. I denna utsträckning och inom dessa gränser kan en författare, tror jag, vara självbiografisk utan att kränka vare sig läsarens eller sina egna rättigheter. (2)

Q: Tack Mr Hawthorne, du har gett mig mycket att fundera över. Om du nu vill ta ett glas lemonad och sätta dig ner, kan vi börja intervjun?

A: Jag är nöjd Cathy. Ordet är ditt, så du kan fortsätta.

Q: Är det sant att du läste "Pilgrimsfärden" i mycket unga år?

A: Det var en glädje att läsa den boken och andra när jag var sex år gammal. Min far dog när jag var fyra år och att lära mig läsa öppnade en helt ny värld för mig. Jag älskade "The Pilgrim's Progress" och "Castle of Indolence" av James Thomson gjorde mig särskilt glad. Jag läste Spensers "Faerie Queene" som jag köpte för de första pengar jag någonsin tjänat. (3)

Q: Vilken tid i ditt liv minns du med störst förkärlek?

A: När jag var fjorton år flyttade vi till Sebago Lake i Maine. Jag levde som en fågel i luften, så perfekt var den frihet jag åtnjöt... Åh, vad jag minns sommardagarna, och även när jag med min pistol strövade omkring i Maines skogar! Allt är vackert i ungdomen - för då är allt tillåtet ... Fast det var där jag först fick mina förbannade vanor av ensamhet. (4)

Q: Varje författare behöver ensamhet, men som barn rekommenderar du inte det?

A: Rekommendera? Nej. Men den ensamhet jag kände som barn tvingade mig att läsa allt jag kunde hitta. Jag läste "The Waverley Novels", Rousseau och "The Newgate Calendar", och jag brukade hitta på långa berättelser om vad jag ville göra och vart jag ville åka när jag blev stor. Jag avslutade alltid mina historier med och jag kommer aldrig tillbaka igen! (5)

Q: Är det sant att du startade din egen tidning när du var liten?

A: Det gjorde jag, det gjorde jag verkligen. Jag kallade den "The Spectator" - inte alltför originellt, eller hur? Den kom bara ut i sex nummer och sedan informerade jag mina prenumeranter - varav en var jag själv - om att inga dödsfall av betydelse hade inträffat, förutom att tidningens utgivare dog av svält på grund av att han hade så få prenumeranter. (6)

Q: Hur och när bestämde du dig för att bli författare?

A: Vid sjutton års ålder började jag på Bowdoin College. Jag skrev till min mor:

Jag vill inte bli läkare och leva på människors sjukdomar; inte heller präst och leva på deras synder; inte heller advokat och leva på deras gräl. Så jag ser inte att det finns något annat kvar för mig än att bli författare. Vad skulle du tycka om att en dag se en hel hylla full av böcker skrivna av din son, med "Hawthornes verk" tryckt på baksidan?

Jag såg inte hennes svar när hon fick mitt brev, men senare visste jag med säkerhet att hon inte var imponerad av mitt karriärval. (7)

Q: Kände du att du kunde bevisa att din familj hade fel, eller fanns det något hopp om att ändra deras förutfattade meningar om dig?

A: Inget mål som jag någonsin har haft skulle de anse vara lovvärt; ingen framgång - om nu mitt liv, utöver det privata, någonsin hade förgyllts av framgång - skulle de anse vara annat än värdelös, om inte rent av skamlig. "Vad är han?" mumlar den ena grå skuggan av mina förfäder till den andra. "En författare av sagoböcker! Vad kan det vara för slags verksamhet i livet - vilket sätt att förhärliga Gud eller vara till nytta för mänskligheten i hans tid och generation - kan det vara? Den degenererade karln kunde lika gärna ha varit en spelman!" Sådana är de komplimanger som utbyts mellan mina barnbarnsföräldrar och mig, över tidens avgrund! Och ändå, låt dem håna mig som de vill, starka drag i deras natur har flätat sig samman med min. (8)

Q: Alla författare får avslag. Hur hanterade du dessa, om det fanns några?

A: Om det fanns några? Skämtar du? Under mina collegedagar skrev jag dikter och skisser. Jag satte ihop dem och kallade dem "Seven Tales of My Native Land". Jag erbjöd dem till förläggare #1. De tackade artigt nej. Jag erbjöd dem till förläggare #2. som ohövligt tackade nej. Förläggare #3 som accepterade den och behöll den så länge utan att publicera den att jag krävde att de skulle återlämna den till mig. Hur hanterade jag verkligen avslag? Jag brände upp den! (9)

Q: Oj, det måste ha gjort ont. Övervägde du att kasta in handduken?

A: Jag är inte bekant med den frasen men förstår vad du menar. Därför är mitt svar nej. Jag skrev fortfarande och publicerade anonymt på egen bekostnad en roman som heter "Fanshawe". Det kostade mig $ 100.00 och försäljningen var få och långt mellan. Därför har jag aldrig offentligt erkänt att jag var dess författare. (10)

Q: Fann du senare i livet tröst i ensamheten?

A: Jag var som ett skrämt barn, till och med vid 38 års ålder. Jag ville inget hellre än att fly från samhället. Om jag såg en man komma gående, klättrade jag hastigt över klipporna och tog min tillflykt till en vrå som många hemliga timmar har gett mig rätt att kalla min egen. Jag var sådan tills jag träffade min hustru Sophia. (11)

Q: Du gifte dig med Sophia den 9 juli 1842 och flyttade till Old Manse i Concord.

A: Det var där jag skrev "Mosses". Min hustru var min enda följeslagare och jag behövde ingen annan; det fanns ingen tomhet i mitt sinne, lika lite som i mitt hjärta. I själva verket tillbringade jag så många år i total avskildhet från allt mänskligt umgänge att det inte var underligt att jag kände alla mina begär tillfredsställda av detta enda umgänge. Men hon hade kommit till mig från många vänner och en stor bekantskapskrets; ändå levde hon från dag till dag i ensamhet och träffade ingen annan än mig själv och senare våra barn, medan snön på vår aveny i veckor inte beträddes av något fotsteg utom mitt; ändå var hon alltid så glad. Tack gode Gud att jag kunde tillfredsställa hennes gränslösa hjärta! (12)

Q: Concord hade ett ganska gott rykte i författarvärlden.

A: Vi bodde i utkanten där jag skapade berättelser och levde på intäkterna från dem eller klarade mig tills jag 1846 utsågs till tullinspektör i Salem med en lön på tolvhundra dollar om året. Lyckan varade dock inte särskilt länge och 1849, i samband med en politisk förändring, blev jag avsatt från min tjänst. Jag var fyrtiofem år gammal och hade en fru och två barn att försörja. Vi hade mycket lite besparingar och få utsikter till en ny position. (13)

Q: Du kände att världen var emot dig och skrev sedan din mest berömda roman av alla "The Scarlet Letter"?

A: Många hade förtroende för mig, även om jag hade mycket lite förtroende för mig själv. Min hustru. Mina vänner från skolan. Min förläggare. De kände alla att jag hade något i mig som skulle kunna skapa en stor roman. Min förläggare James T. Fields kom och besökte mig i Salem. Han frågade vänligt, som han hade gjort många gånger tidigare, om jag hade skrivit något på sistone. Mitt svar var: vilken förläggare skulle någonsin våga sig på en bok från mig, den mest impopulära författaren i Amerika? Han sa att han skulle göra det med största övertygelse. Jag svarade att jag inte hade något av värde i min repertoar. Precis när han skulle gå tog jag fram ett manuskript ur mitt skrivbord och frågade om han ville titta på den här högen av skräp. Manuskriptet var den grova skissen till "Den scharlakansröda bokstaven". (14)

Q: "Den eldröda bokstaven" publicerades 1850 och såldes i över 5.000 exemplar på tio dagar. Vad tyckte Sophia om den? Tyckte hon om den?

A: Jag försökte läsa slutet för min fru, för min röst svällde och tyngde som om jag kastades upp och ner på ett hav när det lugnar sig efter en storm. Det krossade hennes hjärta - och skickade henne till sängs med en svår huvudvärk - vilket jag betraktade som en triumferande framgång. (15)

Q: Varifrån kom idén?

A: Ett mystiskt paket anlände till Custom House och det föremål som mest drog till sig min uppmärksamhet var en viss affär av fint rött tyg, mycket slitet och blekt. Det fanns spår av guldbroderier, som dock var mycket slitna och fläckiga, så att inget eller mycket lite av glittret fanns kvar. Det hade utförts, vilket var lätt att se, med underbar skicklighet i handarbete; och sömmen - som jag försäkrades av damer som var förtrogna med sådana mysterier - vittnade om en nu bortglömd konst, som inte kunde återvinnas ens genom att plocka ut trådarna. Denna trasa av scharlakansrött tyg - som tiden, slitaget och en skändlig mal hade reducerat till föga annat än en trasa - antog vid en noggrann undersökning formen av en bokstav. Det var den stora bokstaven "A". (16)

Q: Och detta "A", hur såg det ut?

A: Genom en noggrann mätning visade sig varje lem vara exakt tre tum och en fjärdedel lång. Det rådde ingen tvekan om att den var avsedd som ett prydnadsplagg, men hur den skulle bäras eller vilken rang, ära och värdighet som i gångna tider betecknades med den, var en gåta som jag - så flyktiga är världens moden i dessa avseenden - inte såg något större hopp om att kunna lösa. Ändå intresserade den mig på ett märkligt sätt. Mina ögon fastnade på den gamla scharlakansröda bokstaven och ville inte vika undan. Säkert fanns det någon djup mening i den, högst värd att tolka, och som liksom strömmade ut från den mystiska symbolen, subtilt kommunicerande sig själv till mina känslor, men undandragande sig mitt sinne. (17)

Q: Har mysteriet med det hela konsumera dig?

A: Ja, medan jag var så förbryllad - och bland andra hypoteser funderade på om inte bokstaven kunde ha varit en av de dekorationer som de vita männen brukade hitta på för att fånga indianernas blickar - råkade jag placera den på mitt bröst. Det föreföll mig - ni må le, men tvivla inte på mitt ord - det föreföll mig då som om jag upplevde en känsla, inte helt fysisk, men ändå nästan, som av brännande hetta, och som om brevet inte var av rött tyg utan av glödhett järn. Jag skakade till och lät det ofrivilligt falla ner på golvet.

Under den uppslukande betraktelsen av den scharlakansröda bokstaven hade jag hittills försummat att undersöka en liten rulle med smutsigt papper, som den hade snurrats runt. Denna öppnade jag nu och hade glädjen att finna en tämligen fullständig förklaring av hela affären nedtecknad av den gamle lantmätarens penna. (18)

Q :Fanns det någon specifik information om en verklig Hester Prynnes liv?

A: Ja, det fanns flera foolscap-ark som innehöll många uppgifter om livet och konversationen med en Hester Prynne, som verkade ha varit en ganska anmärkningsvärd personlighet enligt våra förfäders uppfattning. Hon hade blomstrat under perioden mellan de tidiga dagarna i Massachusetts och slutet av sjuttonhundratalet. Äldre personer, som levde på lantmätare Pues tid och från vilkas muntliga vittnesmål han hade sammanställt sin berättelse, mindes henne i sin ungdom som en mycket gammal, men inte skröplig kvinna, med en ståtlig och högtidlig framtoning. Det hade varit hennes vana sedan nästan urminnes tider att gå omkring i landet som ett slags frivillig sjuksköterska och göra vad hon kunde för diverse gott; hon tog på sig att ge råd i alla frågor, särskilt hjärtats; på så sätt, som en person med sådana böjelser oundvikligen måste göra, vann hon från många människor den vördnad som tillkommer en ängel, men jag kan tänka mig att hon av andra betraktades som en inkräktare och en olägenhet. (19)

Q: Gjordes det några ytterligare upptäckter?

A: När jag grävde vidare i manuskriptet fann jag en redogörelse för denna märkliga kvinnas övriga göranden och låtanden, med titeln "Den scharlakansröda bokstaven" - och man bör noga hålla i minnet att de viktigaste fakta i den berättelsen är auktoriserade och bestyrkta av lantmätare Pues dokument. Originaldokumenten, tillsammans med själva den scharlakansröda bokstaven - en mycket märklig relik - är fortfarande i min ägo och skall fritt visas upp för alla som på grund av mitt stora intresse för berättelsen kan tänkas vilja se dem. (20)

Q: Så du visste direkt att detta "A" - denna information som du hittade var något som du ville skriva om?

A: Jag visste att Hester Prynnes historia krävde mycket eftertanke. Atmosfären i ett tullhus är så illa anpassad till den känsliga skörden av fantasi och känslighet, att om jag hade stannat kvar där under de tio kommande presidentperioderna, tvivlar jag på att berättelsen om "Den eldröda bokstaven" någonsin skulle ha kommit till allmänhetens kännedom. Min fantasi var en fläckig spegel. Den reflekterade inte, eller bara med en bedrövlig dunkelhet, de figurer som jag gjorde mitt bästa för att befolka den med. Berättelsens karaktärer skulle inte värmas och göras formbara av någon värme som jag kunde tända vid min intellektuella glömska. De skulle varken ta passionens glöd eller känslans ömhet utan behålla alla döda kroppars stelhet och stirra mig i ansiktet med ett fast och ohyggligt flin av föraktfullt trots. (21)

Q: Är det sant att "The Scarlet Letter" en gång gjordes till opera?

A: Ja, när jag var utomlands plockade jag upp en amerikansk tidning. Där stod att en ännu ofullbordad opera hade skrivits över min bok och att flera scener ur den hade framförts med framgång i New York. Jag skulle tro att den möjligen skulle kunna lyckas som opera, även om den säkert skulle misslyckas som pjäs. (22)

Q: Min första bok var en romans. Vad skulle du ge för råd till författare inom den genren?

A: När en författare kallar sitt verk för en romans, behöver det knappast påpekas att han vill göra anspråk på en viss frihet, både vad gäller stil och material, som han inte skulle ha känt sig berättigad till om han hade påstått sig skriva en roman. Den senare formen av komposition förutsätts syfta till en mycket noggrann trohet, inte bara till det möjliga, utan till det troliga och vanliga förloppet i människans erfarenhet. Den förra - även om den som konstverk strikt måste underkasta sig lagar och även om den syndar oförlåtligt så långt den kan avvika från sanningen i det mänskliga hjärtat - har rätt att presentera denna sanning under omständigheter som i stor utsträckning är författarens eget val eller skapelse.

Om han finner det lämpligt, kan han också hantera sitt atmosfäriska medium så att ljuset framhävs eller mildras och skuggorna fördjupas och berikas i bilden. Han kommer utan tvekan att göra klokt i att använda de privilegier som här anges mycket måttligt, och särskilt att blanda det underbara snarare som en liten, delikat och flyktig smak än som någon del av den faktiska substansen i den maträtt som erbjuds allmänheten. Han kan dock knappast sägas begå ett litterärt brott, även om han struntar i denna varning. (23)

Q: Hur viktigt tycker du att det är med ett moraliskt syfte när man skriver en roman?

A: Många författare lägger mycket stor vikt vid något bestämt moraliskt syfte, som de säger sig vilja uppnå med sina verk. För att inte vara bristfällig i detta avseende har författaren försett sig själv med en moral; - sanningen, nämligen att en generations missgärningar lever vidare i de följande generationerna, och att de, när de berövas varje tillfällig fördel, blir till ren och okontrollerbar ondska; Och han skulle känna det som en särskild tillfredsställelse om denna romans på ett effektivt sätt kunde övertyga mänskligheten - eller för den delen någon enskild människa - om dårskapen i att välta en lavin av illa tilltaget guld eller fastigheter över huvudet på en olycklig efterkommande och därigenom lemlästa och krossa dem, tills den samlade massan har skingrats i sina ursprungliga atomer. (24)

Q: Så du tycker inte att den romantiska genren ska försöka utbilda?

A: När romanser verkligen lär ut något, eller har någon effektiv verkan, är det vanligtvis genom en mycket mer subtil process än den uppenbara - författaren har ansett att det knappast är värt besväret att obevekligt spetsa berättelsen med dess moral, som med en järnstång - eller snarare som att sticka en nål genom en fjäril - och på så sätt omedelbart beröva den livet och få den att stelna till i en otymplig och onaturlig attityd. En hög sanning, som är rättvist, fint och skickligt utarbetad, som lyser upp vid varje steg och kröner den slutliga utvecklingen av ett skönlitterärt verk, kan tillföra en konstnärlig ära, men är aldrig sannare och sällan mer uppenbar på den sista sidan än på den första. (25)

Q: Hur ska då en författare sträva efter att få kontakt med sina läsare?

A: En läsare kan kanske välja att tilldela en verklig plats till den imaginära händelsen i berättelsen. Om den historiska anknytningen - som visserligen var svag men ändå nödvändig för författarens plan - hade tillåtit det, skulle författaren mycket gärna ha undvikit något sådant. För att inte tala om andra invändningar, så utsätter det romantikern för en oflexibel och ytterst farlig typ av kritik, genom att hans fantasibilder nästan kommer i positiv kontakt med ögonblickets realiteter.

Det har inte varit en del av hans syfte att beskriva lokala manér eller att på något sätt blanda sig i egenskaperna hos ett samhälle för vilket han hyser en tillbörlig respekt och en naturlig aktning. Han litar på att inte bli betraktad som oförlåtligt förolämpad, genom att anlägga en gata som inkräktar på ingens privata rättigheter och tillägna sig en tomt som inte hade någon synlig ägare och bygga ett hus av material som länge använts för att bygga luftslott. Personerna i berättelsen - även om de ger sken av att vara av gammal stabilitet och betydande framträdande - är i själva verket författarens eget verk, eller i alla fall hans egen blandning; deras dygder kan inte kasta någon glans, och deras brister kan inte på minsta sätt bidra till att misskreditera den ärevördiga stad som de säger sig vara invånare i. Han skulle därför bli glad om boken - särskilt i det kvarter som han hänvisar till - kunde läsas som en ren romantik, som har mycket mer att göra med molnen ovanför än med någon del av den faktiska jorden på den plats som han skriver om. (26)

Q: Vad om något sticker ut i ditt minne under din resa till Storbritannien?

A: Jag besökte British Museum; en ytterst tröttsam historia. Man blir helt förkrossad av att se så mycket på en gång, och jag vandrade från sal till sal med ett trött och tungt hjärta. Nutiden är alltför belastad av det förflutna. (27)

Q: Har du några ytterligare råd till framtida författare?

A: De enda vettiga målen för litteraturen är för det första det njutbara arbetet med att skriva, för det andra att glädja sin familj och sina vänner och för det sista att få in en rejäl slant. (28)

Q: Jag måste tyvärr säga att vår tid nu är slut. Tack så mycket för att du gick med på att bli intervjuad. Den här boken skulle inte vara komplett utan ett kapitel om dig.

A: Jag tackar ödmjukt och lämnar er med en läsning ur:

DEN SCHARLAKANSRÖDA BOKSTAVEN

När den unga kvinnan - detta barns mor - stod helt uppenbarad inför folkmassan, tycktes hennes första impuls vara att knyta barnet tätt till sin barm, inte så mycket av moderlig tillgivenhet som för att därigenom dölja ett visst tecken, som var insmugget eller fäst i hennes klänning. Men strax tog hon barnet på armen och med en brinnande rodnad, men ändå ett högmodigt leende och en blick som inte ville förskräckas, såg hon sig omkring bland sina stadsbor och grannar. På bröstet av hennes klänning, i fint rött tyg, omgiven av detaljerade broderier och fantastiska utsmyckningar av guldtråd, syntes bokstaven A. Det var så konstnärligt utfört och med så mycket fruktbarhet och underbar frodighet i fantasin, att det hade all effekt av en sista och passande dekoration till den klädsel som hon bar, och som var av en prakt i enlighet med tidens smak, men långt utöver vad som tilläts av kolonins överklädesbestämmelser. (29)

När han hade reciterat färdigt försvann han, och jag fortsatte att läsa där han hade slutat under en lång stund.

Nathaniel Hawthorne var väl respekterad av sina författarkolleger som hyllade honom vid hans begravning, bland andra Longfellow, Holmes, Whittier, Lowell, Emerson, Agassiz och Pierce.

Jag lämnar er med dessa ord, skrivna av Henry Wadsworth Longfellow vid tiden för Mr Hawthornes död:

HAWTHORNE [1804-1864]

Hur vacker var den inte, den där ljusa dagen
I den långa veckan av regn!
Fastän all dess prakt inte kunde jaga bort
Den allestädes närvarande smärtan.
Den vackra staden var vit av äppelblomster,
Och de stora almarna o'erhead
mörka skuggor vävde på sina luftiga vävstolar
Genomskurna av gyllene trådar.
Över ängarna, vid den grå gamla herrgården,
Flöt den historiska floden;
Jag var som en som vandrar i trans,
Omedveten om sin väg.
Ansiktena på bekanta ansikten verkade konstiga;
Deras röster kunde jag höra,
Och ändå orden de yttrade tycktes ändra
sin betydelse för mitt öra.
För det ansikte jag letade efter fanns inte där,
Den låga rösten var stum;
Bara en osynlig närvaro fyllde luften
Och förvirrade min förföljelse.
Nu ser jag tillbaka, och äng, herrgård och ström
Svagt min tanke definierar;
Jag ser bara en dröm i en dröm
Kullens topp med tallar.
Jag hör bara över hans plats för vila

Deras ömma underton,
Den oändliga längtan av ett oroligt bröst,
Rösten som är så lik hans egen.
Där i avskildhet och fjärran från människor
ligger trollkarlens hand kall,
Som vid sin högsta hastighet lät pennan falla,
Och lämnade berättelsen halvt berättad.
Ah! Vem ska lyfta den trollstaven av magisk kraft,
och återfå den förlorade nyckeln?
De oavslutade fönstren i Aladdins torn
Oavslutade måste förbli! (30)

Mitt råd är att söka upp Mr Hawthornes verk! Du kommer inte att bli besviken:

Den scharlakansröda bokstaven
Två gånger berättade berättelser
Blithedale-romansen
Huset med de sju gavlarna
Rappaccinis dotter
Marmorfaunen
Tanglewood Tales
Dolliver-romansen
Anteckningsböcker
Engelska anteckningsböcker
Our Old Home - En serie engelska skisser
En hel historia om farfars stol
Ministerns svarta slöja
Konstnären av det vackra
Hjältarnas former
De profetiska bilderna

Den vänlige pojken
Drownes träbild
Jordens förintelse
Djävulen i manuskriptet
Den stora stenfaktan
Mr Higginbothams katastrof
Livets procession
Pilgrimerna från Canterbury.
TTFN!
Cathy McGough
Din intervjuare av legendariska författare från bortom

KIPLING DOWN UNDER IGEN

Ännu en vecka har gått. Oj, oj, oj, vart har tiden tagit vägen?

I veckans intervju ska vi gå tillbaka i tiden. Tillbaka, tillbaka, till det ögonblick då Madame Delatour förde Rudyard Kipling till mitt hem.

Herr Kipling skrev en dikt som blev min hymn under de besvärliga tonåren. Jag hade den på en jättestor affisch på väggen i mitt sovrum och kan fortfarande recitera den utantill:

DET KAN GÖRAS

OM du kan hålla huvudet kallt när alla omkring dig
Förlorar sitt och skyller på dig,
OM du kan lita på dig själv när alla män tvivlar på dig,
Men ta hänsyn till att de också tvivlar;
OM du kan vänta och inte bli trött av att vänta,
Eller att bli ljugen om, handla inte med lögner,
Eller att bli hatad, ge inte vika för att hata,
Och ändå inte se för bra ut, eller prata för klokt:

OM du kan drömma - och inte göra drömmar till din herre;

OM du kan tänka - och inte göra tankar till ditt mål,

OM du kan möta Triumf och Katastrof

Och behandla dessa två bedragare precis likadant

OM du kan stå ut med att höra sanningen du har talat

Vridas av skojare för att göra en fälla för dårar,

Eller se sakerna du gav ditt liv till, trasiga,

Och böja sig och bygga upp dem med slitna verktyg;

Om du kan göra en hög av alla dina vinster

Och riskera det på en tur av pitch-and-toss,

Och förlora, och börja om på nytt vid din början

Och aldrig andas ett ord om din förlust;

OM du kan tvinga ditt hjärta och nerv och sena

Att tjäna din tur långt efter att de är borta,

Och så hålla på när det finns ingenting i dig

Utom viljan, som säger till dem: "Håll ut!"

OM du kan tala med folkmassor och behålla din dygd,

Eller gå med kungar - och inte förlora den gemensamma kontakten,

OM varken fiender eller kärleksfulla vänner kan skada dig,

OM alla män räknar med dig, men ingen för mycket;

OM du kan fylla den oförlåtande minuten

Med sextio sekunder av distanslöpning,

Din är jorden och allt som finns i den,

Och - vilket är mer - du kommer att bli en man min son! (1)

Vem kan inte - VILL INTE - inspireras av dessa ord?

Rudyard Kipling föddes den 30 december 1865 och tillbringade sin barndom i Bombay i Indien.

Just då kom Mr Kipling gående ut på balkongen och jag hälsade honom välkommen till mitt hem i Sydney, Australien.

Jag bad honom att sätta sig och bjöd honom på ett glas av Australiens finaste portvin. Han tog emot en jigger och jag hällde upp ett till mig själv och sedan skålade vi för skatorna - vår enda publik.

Q: Hur kom du på att döpa ditt hus till "Naulahka"?

A: "Naulahka" är hämtat från en roman som jag skrev i samarbete med min svåger Wolcott-Balestier. Det betyder "Juvelen". Min fru Caroline och jag tyckte att namnet var perfekt för den bungalow som vi hade byggt i Brattleboro, Vermont, 1892. Vi bodde där mycket lyckligt i nästan fem år. (2)

Q: Har du alltid tyckt om att läsa?

A: Jag var närsynt från födseln, men som pojke läste jag oavbrutet och allätande mängder av gamla dramatiker... Hakluyts resor, franska översättningar av moskovitiska författare som Pusjkin och Lermontov.

När far och mor hörde att jag kunde läsa skickade de ovärderliga volymer till mig. En av dem behöll jag hela mitt liv, ett inbundet exemplar av "Aunt Judy's

Magazine" från början av sjuttiotalet, där "Mrs Ewing's Six to Sixteen" ingick.

Jag har den berättelsen att tacka för mer än jag kan säga. Jag kunde den, som jag fortfarande kan den, nästan utantill. Här var en historia om verkliga människor och verkliga saker. Den var bättre än Knatchbull-Hugessens "Tales at Tea-time". Bättre till och med än "The Old Shikari" med sina stålgravyrer av anfallande grisar och arga tigrar.

På ett annat plan fanns en gammal tidskrift med Scotts "I climbed the dark brow of the mighty Helvellyn". Jag visste ingenting om dess innebörd, men orden berörde och gladde. Det gjorde även andra utdrag ur A. Tennysons dikter.

När min far skickade mig "Robinson Crusoe" med stålgravyrer startade jag min egen verksamhet som handelsman med vildar (vrakdelarna i berättelsen intresserade mig aldrig), i ett mögligt källarrum där jag stod i min ensamhet. Min apparat bestod av ett kokosnötskal uppspänt på ett rött snöre, en plåtkista och en bit av en packlåda - som höll alla andra världar borta. Allt innanför stängslet var alltså verkligt, men blandat med lukten av fuktiga skåp. Om brädbiten föll var jag tvungen att börja om med magin igen. Jag har sedan dess lärt mig av barn som leker mycket ensamma att denna regel om att börja om i en låtsaslek inte är ovanlig. Magin ligger nämligen i den ring eller det staket som man tar sin tillflykt till. (3)

Q: Jag förstår att du köpte lite kanadensisk mark på din smekmånad?

A: Caroline och jag gifte oss i kyrkan vid Langham Place - Gosse - och några dagar senare var vi på vår magiska matta, som skulle ta oss jorden runt, med början i Kanada djupt i snö.

Bland våra bröllopsgåvor fanns en generös silverplunta fylld med whiskey, men med inkontinent vana. Den läckte i väskan där den låg tillsammans med flanellskjortor. Och det doftade i hela Pullman från början till slut innan vi kom fram till orsaken. Vid det laget tyckte alla våra medpassagerare synd om den stackars flickan som hade bundit sitt liv till denna skamlösa drinkare.

På så sätt kom vi till Vancouver i en falsk atmosfär som var helt och hållet vår egen oskyldiga, där vi med ett öga på framtiden och för att bevisa vår rikedom köpte, eller trodde att vi hade, tjugo tunnland av en vildmark som kallades North Vancouver, nu en del av staden.

Men det fanns en hake i saken, vilket vi upptäckte många år senare när vi, efter att ha betalat skatt för det så länge, upptäckte att det tillhörde någon annan. Den enda tröst vi då fick från de leende människorna i Vancouver var:

"Du köpte den av Steve, eller hur? Ah-ah, Steve! Du hade inte behövt köpa den av Steve. Nej, inte av Steve. Inte från Steve."

Och på så sätt botade den gode Steve oss från att spekulera i fastigheter. (4)

Q: Vänligen acceptera mina ursäkter (som kanadensare av födsel) för Steves förskingring av dina medel. Steve kanske var en djurrättsaktivist och hörde att du hade en passion för jakt?

A: Jag gick på jakt i skogen, inte med vapen utan med "ögonen". Jag älskade skogen för dess egen skull och inte för slaktens skull. Det fanns inget så härligt som den sol- och pinjedränkta parfymen från New Englands landsbygd. Speciellt på sommaren. New England-sommaren har kreolskt blod i sina ådror. (5)

Q: Du var en framgångsrik journalist i Indien och hoppades kunna fortsätta din karriär när du flyttade till USA. Men redaktören för "The Examiner" var inte direkt samarbetsvillig.

A: Jag var tjugofyra år gammal och hade skrivit i några år. Jag hade redan skrivit "The Man Who Would Be King".

Hur som helst sa redaktören till mig: "Jag är ledsen Mr Kipling, men du vet helt enkelt inte hur man använder det engelska språket. Ni får ursäkta min rättframhet, men "The Examiner" är inte ett dagis för amatörförfattare. (6)

Q: Aj, det måste ha gjort ont! Du var dock alltid välkommen och älskad i Australien. Faktum är att Australien fortfarande hedrar ditt besök här 1821 genom en plakett på Circular Quay. Hur minns du Australien?

A: Mina minnen av Australienresor är blandade med tåg som på okristliga tider förflyttar mig från en alltför exklusiv statlig spårvidd till en annan; med enorma himlar och primitiva förfriskningsrum där jag drack varmt te och åt fårkött, medan en het vind då och då, som i Punjab, vällde fram ur tomheten. Jag åkte också till Sydney, som var befolkat av avkopplade massor alla i skjortärmarna och alla picknickar hela dagen. (7)

Q: Jag skulle gärna vilja höra dig recitera en dikt. Skulle du kunna läsa "Cities, Thrones and Powers" - en annan av mina favoriter.

A: Utmärkt val!

STÄDER TRONER OCH KRAFTER

Städer, troner och makter
Står i tidens öga,
Nästan lika länge som blommor,
Som dagligen dör:
Men som nya knoppar sätta fram
För att glädja nya män,
Ur den förbrukade och obetänkta jorden
Städerna stiger igen.
Den här säsongens påsklilja,
Hon hör aldrig
Vilken förändring, vilken chans, vilken kyla,
Skära ner förra årets;
Men med djärvt ansikte,
Och kunskapen liten,
Anser att hennes sju dagars fortsättning,
Att vara evig.

Så, tiden som är o'er-kind
Till allt som är,
Gör oss alltid lika blinda,
lika djärva som hon:
Att i vår egen död,
Och begravning säker,
Skugga till skugga, väl övertygad, säger,
"Se hur våra verk består!" (8)

Q: Så sant! Och på tal om tidshantering, hade du en strikt daglig skrivrutin?

A: Jag arbetade noggrant varje dag från kl. 9.00 till 13.00 vid mitt skrivbord. Jag blev aldrig störd, för för att komma in i mitt arbetsrum var man tvungen att passera genom ett mindre rum - det kallades drakkammaren - där min fru satt med sina stickor och höll ett vakande öga på eventuella ovälkomna inkräktare. Det var där jag skrev: "Kapten Modig" och de två Djungelböckerna. Så fru Kiplings vaksamhet gick inte obelönad förbi. (9)

Q: Jag läste någonstans att om man skriver på exakt samma tid och plats varje dag - då kommer musan alltid att veta var och när hon ska hitta dig. Håller du med om det?

A: Litteraturens magi ligger i orden och inte i någon människa. Tusen utmärkta, ansträngande ord kan göra oss alldeles kalla eller få oss att somna, medan ett knappt halvhundra ord som någon man andades i sin vånda, i sin upphöjdhet eller i sin sysslolöshet för tio generationer sedan fortfarande kan leda hela nationer in i och ut ur fångenskap, öppna dörrarna till de tre världarna för oss eller röra om i oss så outhärdligt att vi knappt orkar se på våra egna själar. Det är ett mirakel - ett som sker mycket sällan. Men i hemlighet har var och en av de herrelösa männen med orden hopp, eller har haft hopp, att miraklet kan utföras igen genom honom. (10)

Q: Vad är dina tankar om fiktionens ursprung?

A: Fiktion började med att någon man uppfann en historia om en annan man. Den utvecklades när en annan man berättade historier om en kvinna. Denna ansträngande epok gav upphov till den första skolan för destruktiv kritik, liksom till den förste kritikern, som tillbringade sitt korta men levande liv med att försöka förklara att en man inte behöver vara en höna för att bedöma en omeletts förtjänster. Han dog, men den fråga han ställde är fortfarande aktuell. Den ärvdes av de tidigaste författarna från deras obildade förfäder, som också testamenterade till dem hela beståndet av urtida intriger och situationer - de femtio ultimata komedier och tragedier som gudarna barmhärtigt begränsar mänsklig handling och lidande till. De flesta konstarter erkänner sanningen att det inte är lämpligt att berätta allt för alla. Fiktionen känner inte till några sådana gränser. Det finns ingen mänsklig känsla eller stämning som det är förbjudet att angripa - det finns ingen kanon av reservation eller medlidande som måste respekteras - i fiktion. Varför skulle det finnas det? Mannen säger ju trots allt inte sanningen. Han skriver bara fiktion. Medan han skriver den kommer hans värld att utvinna precis så mycket sanning eller nöje ur den som den behöver för stunden. Med tiden kan lite mer, eller mycket mindre, av återstoden föras vidare till det allmänna kontot, och där kanske avledas till syften som författaren aldrig drömt om. (11)

Q: Det finns en historia om att du skulle ha gett bort manuskriptet till "Djungelboken" till någon i ditt hushåll. Är detta sant?

A: Det gavs som en present till en sjuksköterska som hängivet hade tagit hand om mitt förstfödda barn. Jag rådde henne att ta manuset och en dag om hon behövde pengar skulle hon kanske kunna sälja det till ett bra pris.

Flera år senare, när hon var i behov av pengar, sålde hon det och levde gott resten av sitt liv. (12)

Q: Vilken generös gest. Hur kändes det för dig att bli uppvaktad av "Ladies Home Journal"?

A: Inte alls. Miljontals läsare tyckte om "Djungelboken" och jag fick fler erbjudanden från tidningar än jag hade möjlighet att tacka ja till.

Vid ett tillfälle bad redaktören för "Ladies Home Journal", Edward W. Bok, att jag skulle skriva en berättelse för hans tidning. Jag gillade inte tidningen och begärde därför ett orimligt arvode för artikeln i hopp om att skrämma bort redaktören.

Mr Bok gick dock med på priset, så jag skrev av berättelsen om "Vilhelm Erövraren", slängde den i brevlådan och trodde att det var slutet på saken. Men det var det inte.

Några dagar senare fick jag ett meddelande från Mr Bok där han skrev att berättelsen var "utmärkt", men att jag gärna fick göra en "mindre men nödvändig ändring i texten".

Artikeln innehöll en hänvisning till whiskey och champagne, två drycker som var tabu i "Ladies Home Journal". Mr Bok frågade om jag kunde "vara så vänlig att byta ut dem mot ett par mildare drycker".

Jag svarade omgående med: Nej, Mr Kipling skulle inte vara vänlig nog. Antingen tar du whiskyn eller så lämnar du tillbaka berättelsen.

Till slut publicerade Mr Bok berättelsen så som jag hade skrivit den. Därmed var jag den förste man som någonsin fått förmånen att hälla upp ett glas whisky på sidorna i "Ladies Home Journal". (13)

Q: Har du något råd att ge till författare i framtiden?

A: Gör din plikt, lev stoiskt, lev rent, lev glatt. (14)

Mr Kipling försvann ögonblickligen utan att ens hinna med en nick eller ett adjö.

Om du inte har läst Kiplings verk - då har du verkligen något att se fram emot. Kolla in dessa till att börja med - och snart kommer du att vilja ha mer och mer:

Mannen som ville bli kung

Naulahka - En berättelse om väst och öst

Djungelboken

Kaptener modiga

Dagens arbete

Kim
En bok med ord
Något av mig själv
Avdelningarnas dikter
Ett barns trädgård
En sanningens legend
Ängelns timme
Katten som gick för sig själv
En pilgrims väg.
Poi carukiren!
Cathy McGough
**Din intervjuare av legendariska författare från
bortom**

DICKENS OCH TELETUBBY HILLS

Välkomna mina vänner till veckans intervju med en av världshistoriens största författare: Mr Charles Dickens. En tystnad går över publiken!

Ni ska få träffa en man som lyckades skriva inte en roman, inte två romaner, utan TRE romaner på ett enda år! Herr Dickens stannade inte heller där! Han var också redaktör för en tidskrift och skrev en operett på sin "fritid". (1) Hans musa var verkligen upptagen!

Jag tror inte att någon skulle säga emot mig om jag utnämnde Dickens till vinnare i kategorin Berömda första repliker. Medan vi väntar på herr Dickens ankomst, låt oss se om du kan identifiera det verk som denna rad kommer från:

Jag är född. (2)

Känner du igen det? Kanske behöver du en liten ledtråd? Då ska du få se:

Oavsett om jag kommer att bli hjälten i mitt eget liv, eller om den positionen kommer att innehas av någon annan, måste dessa sidor visa det. (3)

Har du gissat det? Ja, du har rätt om du trodde att repliken var hämtad från "David Copperfield" som publicerades första gången 1869.

Det är snart dags för mr Dickens att framträda och jag beger mig därför mot den plats där vår intervju ska äga rum. Här kommer Mr Dickens och jag att omges av Australiens naturliga skönhet: magnifika gummiträd, Cooks River, Tele-tubby-liknande kullar, en park och en obebodd fotbollsplan.

Charles Dickens föddes i Lanport i grevskapet Hampshire i England den 7 februari 1812. Som barn när hans far hamnade i ekonomiska svårigheter arbetade Charles i en svartmålningsfabrik medan hans familj sattes i ett skuldfängelse 1824. Efter en svår barndom gick han på Wellington Academy i London där han fick viss utbildning och senare blev reporter.

Ah, här är Mr Dickens nu, gående i min riktning över den tomma fotbollsplanen.

Han verkade lite förundrad över sin omgivning och medan jag tittade på honom undrade jag var i helvete Madame Delatour var. Hon fick inte herr Dickens att känna sig särskilt välkommen eftersom hon inte syntes till någonstans.

När jag insåg att han var helt ensam reste jag mig från träbänken och gick fram till honom. När vi kom närmare och närmare varandra lade jag märke till hans lite udda utseende.

Jag visste inte var jag skulle titta, så jag tittade bort och fick syn på Madame, som gömde sig bakom ett träd och fnissade. Ibland kan hon vara väldigt oförskämd!

Mr Dickens sträckte ut sin hand mot mig och sa:

En blomma som kommit till liv - det var den looken jag försökte få. Hur gick det för mig? (4)

Jag övervägde hans avsikt och tog in hans utseende från topp till tå. Han hade ju trots allt bett om min åsikt. Hans eldröda hår, skägg och mustasch. Hans ljusgröna väst. Hans lavendelfärgade byxor. Hans scharlakansröda slips. Hans strålande ögon. (5)

Jag försäkrade honom om att han verkligen hade lyckats, för fåglar och bin ljuger aldrig.

Nöjd med sig själv sydde han sedan sin arm under min, medan vi gick mot parkbänken. Då frågade herr Dickens:

Hur kan jag stå till tjänst för er, kära dam?

Q: Först av allt, tack för att du kom till mig idag. Många författare tror att man måste uppleva saker på nära håll för att kunna skriva om dem. Var "Oliver Twist" självbiografisk?

A: Min far skickades till gäldenärsfängelse i tre månader för en skuld på 40 pund. Eftersom vi var så fattiga skickades jag vid tolv års ålder till en svartmålningsfabrik. Det var där jag träffade min "Fagin". Den låg i en gammal, rutten byggnad nära

Hungerford Stairs. Jag passade inte in där och utan utbildning visste jag att jag hade dömts till en hopplös rutin som löneslav. Jag var där i bara fem månader, men som barn kände jag att jag skulle vara där för alltid. (6)

Q: Hur ser du tillbaka på den perioden i ditt liv?

A: Jag tycker att det är underbart att jag kunde bli så lätt bortkastad vid en sådan ålder. Det är underbart för mig att ingen, ens efter att jag hade förvandlats till den stackars lilla slav som jag hade varit sedan vi kom till London, hade tillräckligt med medlidande med mig - ett barn med enastående förmågor, snabbt, ivrigt, känsligt och snart skadat kroppsligt eller mentalt - för att föreslå att något kunde ha sparats, vilket det säkert kunde ha varit, för att placera mig i någon vanlig skola. (7)

Q: Och så skapade du en karaktär som du kunde identifiera dig med, samtidigt som du informerade dina läsare?

A: Jag ville att det skulle vara en berättelse om saker och ting som de verkligen är. "Oliver Twist" var ett socialt dokument, ett avslöjande av de fattigas och förbjudenas fasor. Jag ville visa de skrämmande förhållandena i fattighuset, orsakade av fattigvårdslagen från 1834, en lag som var utformad för att göra fattigvård så oattraktiv att endast de mest desperata skulle ta till den. Filosofin bakom fattigvårdslagen var att de fattiga flockades på fattighuset för att de tyckte om att vara där, en inställning som var löjlig.

Därför beskrev jag det så här: en regelbunden plats för offentlig underhållning ... en krog där det inte fanns något att betala; en offentlig frukost, middag, te och kvällsmat året runt; ett Elysium i tegelmurbruk. Den nya lagen innebar att ransonerna blev så små att de fattiga svalt ihjäl snabbare i ett fattighus än utanför. På menyn stod bland annat Tre mål tunn välling om dagen, med en lök två gånger i veckan och en halv bulle på söndagar. (8)

Q: Hur kom det sig att du skrev "En berättelse om två städer"?

A: När jag tillsammans med mina barn och vänner spelade med i Mr Wilkie Collins drama "The Frozen Deep", fick jag för första gången huvudidén till den berättelsen. Jag hade då en stark önskan att förkroppsliga den i min egen person, och i min fantasi skissade jag med särskild omsorg och intresse upp det sinnestillstånd som skulle krävas för att presentera den för en uppmärksam åskådare.

Allteftersom idén blev bekant för mig, formade den sig gradvis till sin nuvarande form. Under hela dess utförande var jag helt i besittning av den; jag verifierade det som stod på sidorna, eftersom jag själv hade genomlidit allt detta. (9)

Q: "David Copperfield" är en fängslande roman från början till slut. Hur lång tid tog det för dig att skriva den?

A: Läsaren skulle kanske inte bry sig så mycket om att veta hur sorgset pennan läggs ifrån sig efter två års fantasifullt arbete, eller hur författaren känner det som om han förpassar en del av sig själv till en skuggvärld, när en mängd av hjärnans varelser försvinner för alltid. Men jag hade inget annat att berätta, såvida jag inte skulle erkänna att ingen någonsin kan tro mer på berättelsen när man läser den, än jag trodde på den när jag skrev den. (10)

Q: Många har jämfört att skriva en roman med att föda barn ... Dina två år av hårt arbete förde verkligen en minnesvärd karaktär till världen.

A: Av alla mina böcker tycker jag bäst om den. Det är lätt att tro att jag är en kärleksfull förälder till varje barn i min fantasi, och att ingen någonsin kan älska den familjen lika mycket som jag älskar dem. Men som många kära föräldrar har jag ett favoritbarn i mitt hjärta. Och hans namn är David Copperfield. (11)

DAVID COPPERFIELD

Kapitel 1

Jag är född.

Om jag kommer att visa mig vara hjälten i mitt eget liv, eller om den positionen kommer att innehas av någon annan, måste dessa sidor visa. För att börja mitt liv med början av mitt liv, kan jag berätta att jag föddes (enligt vad jag har fått veta och tror) en fredag klockan tolv på natten. Det antecknades att klockan började slå och jag började gråta samtidigt.

Med hänsyn till dagen och timmen för min födelse förklarades det av sjuksköterskan och av några kloka kvinnor i grannskapet som hade visat ett livligt intresse för mig flera månader innan det fanns någon möjlighet för oss att bli personligt bekanta, för det första att jag var ämnad att ha otur i livet; och för det andra att jag hade privilegiet att se spöken och andar; båda dessa gåvor som de trodde oundvikligen tillföll alla olyckliga spädbarn av båda könen som föddes mot småtimmarna på en fredagskväll. (12)

Q: Herr Dickens, när ni reste till Nordamerika för första gången 1842, vad minns ni mest av den långa resan?

A: Den tredje morgonen väcktes jag ur min sömn av ett dystert skrik från min fru, som krävde att få veta om det var någon fara. Jag öppnade ögonen och tittade ut ur sängen.

Vattenkannan plumsade och hoppade som en livlig delfin; alla mindre föremål flöt över, utom mina skor, som var strandade på en mattpåse, högt och torrt, som ett par kolpråmar. Plötsligt såg jag dem hoppa upp i luften, och se, spegelglaset, som var fastspikat i väggen, satt fast i taket. Samtidigt hade dörren försvunnit helt och hållet och en ny öppnats på golvet. Det var då jag började förstå att hytten stod på huvudet. (13)

Q: Du och din fru måste ha varit som förstenade. Hur reste ni, som blir sjösjuka när ni tar färjan över Sydney Harbour?

A: Jag var inte sjösjuk i ordets vanliga bemärkelse, vilket jag önskar att jag hade varit, men jag blev det på ett sätt som jag aldrig har sett eller hört beskrivas, även om jag inte tvivlar på att det är mycket vanligt.

Jag låg där hela dagen, helt lugn och förnöjd, utan någon känsla av trötthet, utan någon önskan att resa mig, bli bättre eller ta en nypa luft, utan någon nyfikenhet, omsorg eller ånger av något slag eller grad, förutom att jag tror mig minnas att jag i denna universella likgiltighet hade en slags lat glädje - en djävulsk glädje, om något så slött kan hedras med den titeln - över att min fru var för sjuk för att tala med mig. (14)

Q: Var det bättre att resa med tåg?

A: I mil efter mil efter mil färdades vi i djupa ensamheter, obrutna av varje tecken på mänskligt liv eller spår av mänskliga fotsteg; inte heller sågs något röra sig omkring dem utom blåskrikan, vars färg var så ljus och ändå så delikat att den såg ut som en flygande blomma. (15)

Q: Ja, just det, blåskrikan. Vilken perfekt bild du har målat upp. Skulle du vilja dela med dig av dina minnen från en av världens vackraste platser, Niagarafallen?

A: När jag närmade mig den på färjan, det vill säga när jag kände hur nära min Skapare jag stod, var den första effekten och den bestående - omedelbar och bestående - av det enorma skådespelet, frid och sinnesfrid: Lugn och ro: Lugna minnen av de döda: Stora tankar om evig vila och lycka: ingenting av dysterhet och skräck. Niagara blev genast stämplad i mitt hjärta som en bild av skönhet, som skulle förbli där, oföränderlig och outplånlig, tills dess pulser upphörde att slå, för alltid.

Åh, som vårt dagliga livs stridigheter och bekymmer försvann från min syn och minskade i fjärran under de tio minnesvärda dagar vi tillbringade på denna förtrollade mark!

Vilka röster talade från det dånande vattnet, vilka ansikten, bleknade från jorden, såg ut på mig från dess glänsande djup, vilket himmelskt löfte glittrade i dessa änglatårar, dropparna i många nyanser, som regnade runt och snodde sig om de vackra bågar som de föränderliga regnbågarna gjorde!

Att vandra fram och tillbaka hela dagen och se katarakterna från alla synvinklar; att stå på kanten av det stora Horse Shoe Falls och se det hastigt forsande vattnet samla kraft när det närmade sig kanten, men också tyckas stanna upp innan det sköt ner i golfen nedanför; att från flodens nivå titta upp på strömmen när den strömmade ner; att klättra upp på de närliggande höjderna och se den genom träden och se det kransande vattnet i forsen skynda på för att ta sitt fruktansvärda stup; att dröja sig kvar i skuggan av de högtidliga klipporna tre mil nedanför; att se floden när den, utan synbar orsak, höjde sig och böljade och väckte ekona till liv, medan den långt nere under ytan oroades av sitt jättelika språng; att ha Niagara framför mig, upplyst av solen och månen, röd under dagens nedgång och grå när kvällen långsamt föll över den; att se på den varje dag och vakna på natten och höra dess oupphörliga röst: detta var tillräckligt. (16)

Q: Vilken resa tillbaka hem, herr Dickens. Tack så mycket! Har du några råd till författare under 2003 och framåt?

A: Jag skulle helt enkelt vilja säga att jag tror att ingen sann människa, som har något att berätta, behöver ha den minsta betänklighet, vare sig för sig själv eller sitt budskap, inför ett stort antal åhörare - alltid under förutsättning att han inte drabbas av den coxcombiska idén att skriva ner till den allmänna intelligensen, i stället för att skriva den allmänna intelligensen upp till sig själv, om han möjligen står över den; - och alltid under förutsättning att han talar klarspråk om vad som finns i honom, vilket inte verkar vara något orimligt krav, eftersom det antas att han har någon dunkel avsikt att göra sig förstådd. (17)

Q: Jag är rädd att vår tid börjar ta slut. Vill du recitera en dikt för mig? Om du börjar blekna, kommer jag att avsluta den åt dig.

När herr Dickens började läsa dök barnen upp ett efter ett, från andra sidan de tele-tubby-liknande kullarna. Först fnissade de åt den lustige mannen, klädd som en blomma, och han gav dem en blinkning. De samlades runt honom och lyssnade uppmärksamt:

A: Den här dikten är för alla er små, kom närmare, jag bits inte.

Han log när barnen kom närmare och väntade tills alla satt tysta, sedan började han:

BARNEN

När lektionerna alla är slut,

Och skolan för dagen är avskedad,

Och de små samlas runt mig

För att säga god natt och bli kyssta;

Åh! De små vita armarna som omsluter

Min hals i en öm omfamning!

Åh! Leendena som är himlens glorior

som kastar solsken av glädje på mitt ansikte!

Och när de är borta sitter jag och drömmer

Om min barndom, för underbar för att vara;

Om kärlek som mitt hjärta minns väl

När det vaknar till pulsen av det förflutna,

Innan världen och dess ondska gjorde mig

En del av sorg och synd -

När Guds härlighet var omkring mig,

Och glädjens härlighet inom mig.

Åh! Mitt hjärta blir lika svagt som en kvinnas

Och känslans fontän kommer att flöda

När jag tänker på stigen, brant och stenig,

Där fötterna på de kära måste gå;

På syndens berg som hänger över dem.

På ödets storm som blåser vilt;

Åh! Det finns inget på jorden som är hälften så heligt

Som ett barns oskyldiga hjärta.

De är idoler i hjärtan och i hushåll;

De är Guds änglar, i förklädnad;

Hans solljus sover fortfarande i deras lockar,
Hans härlighet skimrar fortfarande i deras ögon.
Åh! Dessa skolkare från hemmet och från himlen.
De gör mig mer manlig och mild;
Och jag vet nu hur Jesus kan likna
Guds rike med ett barn.
Jag ber inte om ett liv för de kära,
Allt strålande, som andra har gjort;
Men det livet kan ha precis tillräckligt med skugga
för att mildra solens sken.
Jag skulle be Gud att skydda dem från ondska -
Men min bön skulle bindas tillbaka till mig själv
En seraf kan be för en syndare,
Men en syndare måste be för sig själv.
Kvisten är så lätt att böja,
Jag har förvisat regeln och staven;
Jag har lärt dem kunskapens godhet,
De har lärt mig Guds godhet.
Mitt hjärta är en fängelsehåla av mörker;
När jag hindrar dem från att bryta mot en regel;
Min rynka i pannan är tillräcklig tillrättavisning
Min kärlek är skolans lag.
Jag ska lämna det gamla huset i höst
För att korsa dess tröskel inte mer.
Ah! Hur jag ska sucka för de kära
Som möter mig varje morgon vid dörren!
Jag kommer att sakna "godnatt" och kyssarna,
Och strömmen av deras oskyldiga glädje,
Gruppen på det gröna, och blommorna

som kommer till mig varje morgon.

I väntan på mr Dickens förestående avresa förde madame Delatour bort honom. Jag fortsatte läsa:

Jag kommer att sakna dem på morgonen och på kvällen,

Deras sånger i skolan och på gatan;

Jag kommer att sakna det låga brummandet av deras röster,

Och trampet av deras känsliga fötter

När alla lektioner och uppgifter är avslutade,

och döden säger: "Skolan är slut".

Må de små samlas runt mig

För att säga god natt och bli kyssta. (18)

Barnen och föräldrarna applåderade samtidigt. Jag bugade och fortsatte min väg mot hemmet.

En del av mitt hjärta kände sig oroligt när jag promenerade längs min vanliga väg, som slingrade sig runt Cooks River. Vågorna hoppade upp, till synes för att fånga min uppmärksamhet. Jag såg dem skvalpa mot stränderna men ignorerade deras uppträdande. Mitt hjärta längtade efter Niagara. Och idag kunde ingenting stilla den längtan.

Följande romaner kommer att få dig att vilja ha mer:

Oliver Twist

Nicholas Nickleby

Den gamla nyfikenhetsbutiken

En julsaga

David Copperfield

En berättelse om två städer

Stora förväntningar

Amerikanska sedlar för allmän cirkulation

Sången om vraket

En skolpojkes berättelse

Nobody Story

Ett barns berättelse.

Hej då!

Cathy McGough

Din intervjuare av legendariska författare från bortom

DOSTOJEVSKIJ PÅ HEATHROW

Jag minns den dagen nästan som om det var igår. Vi befann oss på Heathrows flygplats och väntade på vårt flyg. Flygbolaget hade ställt in det, försenat det - och de verkade inte ha någon aning om när vi skulle vara på väg.

Madame Delatour och jag hade varit i London i tolv dagar. Maj i England innebar regn och mer regn. Bra för blommorna, men inte så bra för turisterna. En plats vi besökte betydde mer för oss på grund av regnet.

Mina tankar vandrade tillbaka till John Fowles hemstad "Lyme Regis". Där promenerade jag längs "The Cobb" - i fotspåren av Fowles Sarah Woodruff från "Den franske löjtnantens kvinna". Regnet blötte ner mig in på bara skinnet medan vinden tvingade mig längre och längre ut längs den smala steniga hamnmuren. Så långt ut att jag kände mig sårbar för väder och vind - oskyddad - som om vinden ville att ärmarna på min jacka skulle flyga iväg.

Jag rycktes tillbaka till verkligheten av en röst i högtalaren och såg mig omkring i det fullsatta väntrummet för att leta efter Blanchetta. Det verkade som om hon hade försvunnit. Jag kollade presentbutikerna, toaletterna och alla andra ställen jag kunde komma på, men kunde inte hitta henne. Eftersom vi fortfarande inte hade hört något om vår avgång lade jag mig för en ny tupplur.

Timmar senare vaknade jag av att höga klackar ekade i korridorerna och jag blev förskräckt. Någon ropade mitt namn. Jag torkade bort sömnen ur ögonen när Blanchetta kastade sig över mig. Hon var så upphetsad att inga ord kom ur hennes mun, trots att tungan viftade.

Tydligen hade hon somnat och den ryske författaren Fjodor Dostojevskij hade kontaktat henne. Han frågade om det skulle vara möjligt att återvända till år 2001 och göra en intervju. Blanchetta var uppenbarligen entusiastisk över mr Dostojevskij.

Först var jag inte säker på platsen. Jag såg mig omkring, såg passagerare som kom och gick, fram och tillbaka, och undrade om någon skulle känna igen vår gäst om han bara dök upp.

Efter lite övervägande bestämde vi oss för att det var för riskabelt att ta med herr Dostojevskij tillbaka till jorden i ett sådant kaos. Missnöjda resenärer låg och slappade överallt, rastlösa barn och otåliga föräldrar - det fanns alldeles för många distraktioner för att ge herr Dostojevskij den uppmärksamhet han förtjänade.

Till slut bad vi om ett rum för ett affärsmöte - vilket flygbolaget vänligt nog tillhandahöll. (De gjorde åtminstone en sak rätt!)

Fjodor Dostojevskij föddes den 30 oktober 1821 i Varvara i Ryssland. Att säga att Dostojevskij hade ett svårt liv är tidernas underdrift. År 1866, när hans mest kända roman "Brott och straff" publicerades, hade han redan skrivit "Fattigt folk", "The Double", "Anteckningar från det döda huset" och "Anteckningar från underjorden". I januari 1879 såldes hans sista roman, "Bröderna Karamazov", i 1.500 exemplar på några dagar. (1) Två år senare dog han i extrem fattigdom och lämnade ingenting efter sig "förutom sina böcker". (2)

Jag tog fram mitt exemplar och började läsa:

ANTECKNINGAR FRÅN UNDERJORDEN

Det var inte bara det att jag inte kunde bli elak, jag visste inte hur jag skulle bli någonting: varken elak eller snäll, varken en skurk eller en hederlig man, varken en hjälte eller en insekt.

Herr Dostojevskij kom in. Han såg att jag läste hans bok och bad att få ta den. Jag gav den till honom, med min sidmarkör. Jag blev förtjust när han började läsa hans verk för mig.

Nu lever jag mitt liv i mitt hörn och hånar mig själv med den elaka och värdelösa trösten att en intelligent man inte kan bli något på allvar, och att det bara är dåren som blir något. Ja, en man på 1800-talet måste och bör moraliskt sett vara en karaktärslös varelse; en man med karaktär, en aktiv man, är i högsta grad en begränsad varelse. Det är min övertygelse sedan fyrtio år tillbaka. Jag är fyrtio år gammal nu, och ni vet att fyrtio år är en hel livstid; ni vet att det är en extrem ålderdom. Att leva längre än fyrtio år är dåligt uppförande, vulgärt och omoraliskt. Jag ska tala om för er vilka som är dårar och värdelösa. Jag säger det till alla gamla män, till alla dessa vördnadsvärda gamla män, till alla dessa silverhåriga och vördnadsvärda seniorer! Jag säger det till hela världen, rakt upp i ansiktet på den. Jag har rätt att säga det, för jag kommer själv att fortsätta leva till sextio. Till sjuttio! Till åttio! (3)

Jag hade iakttagit herr Dostojevskijs framträdande. Av särskilt intresse var det sätt på vilket hans kopparhåriga skägg passade in i det öppna utrymmet i kavajen på hans bruna kostym och helt utplånade skjortan han bar under. Hans ögon var fulla av skratt medan han läste, men när han var klar försvann skrattet och avslöjade en djup sorgsenhet. Han återfick fattningen, log och gick mot oss. Han tackade Madame Delatour och mig för att vi gett honom möjlighet att återvända till London år 2001.

Valvet i mitt sinne klickade. Jag mindes att jag någonstans hade läst om Dostojevskijs besök på Londons världsutställning i Crystal Palace 1862. (4)

Q: Herr Dostojevskij, kan du berätta om ditt första besök i London?

A: Världsutställningen var verkligen magnifik. Man kände den oerhörda kraft som hade dragit till sig denna massa av människor från hela världen till en enda flock ... Och oavsett hur fri och oberoende man hade känt sig tidigare, så greps man där av en okänd rädsla ...

Det var något bibliskt över scenen, något babyloniskt, som om profetian från apokalypsen hade gått i uppfyllelse. Man blev plötsligt medveten om att det skulle krävas mycket andligt motstånd och förnekelse under århundraden för att stå emot trycket och inte helt ge efter för det fantastiska intrycket, inte böja sig för faktum och inte dyrka Mammon, med andra ord, inte acceptera det existerande för det ideala... (5)

Madame Delatour återvände till rummet med några förfriskningar. Herr Dostojevskij fick genast syn på kannan med rykande hett te och tog emot en kopp. Sedan frågade han Madame Delatour om hon kunde vara vänlig nog att köpa lite tobak så att han kunde rulla en cigarett. (6)

Madame Delatour ville inte skälla ut honom om rökningens dåliga effekter (eftersom han redan var avliden) och gav honom det nödvändiga. Han frågade oväntat:

Q: Kan jag få en pennhållare? (7)

Ingen av oss hade någon sådan, men jag räckte över min Parker Pen och såg på när herr Dostojevskij rullade cigaretten och sedan placerade den mellan sina läppar.

Madame Delatour insåg att det inte fanns några tändstickor och föreslog att hon skulle lämna rummet och köpa några, men herr Dostojevskij förklarade att det inte var nödvändigt. Han föreslog att vi skulle fortsätta intervjun eftersom vår tid var begränsad.

Q: Har du alltid älskat att läsa, även när du var en liten pojke?

A: Mina syskon och jag (inklusive mig själv var vi sju) frossade i Walter Scott och "Tusen och en natt" och vi hade djupa kunskaper om "Robinson Crusoe". När vi tillbringade sommarmånaderna på vår fars lantställe i Darovoye, som låg två dagars bilresa från Moskva. Vi tyckte om att låtsas att vi befann oss på en öde ö eller att vi var röda indianer från sidorna i "Den siste mohikanen". (8)

Q: Du satt fängslad i Sibirien och fick arbeta med hårt arbete i fyra år. Vad är det värsta du minns från fängelsetiden?

A: Att vara ensam är en nödvändighet i den normala tillvaron, precis som att äta och dricka; annars blir man en hatare av mänskligheten i det påtvingade samhällslivet. Samhället av människor fungerar som ett gift eller en infektion. Det fanns stunder då jag hatade alla som korsade min väg, oavsett om de var oskyldiga eller skyldiga, och jag betraktade dem som tjuvar som ostraffat stal mitt liv. (9)

Det slog mig att om man ville reducera en människa till intet - straffa henne så ohyggligt att även den mest förhärdade mördare skulle darra inför straffet - så skulle det räcka med att ge hennes arbete en karaktär av fullständig värdelöshet och absurditet. (10)

Q: Fick du böcker för att fördriva tiden?

A: Officiellt fick jag bara läsa "Bibeln", men under de sista månaderna gav en vänlig läkare på sjukhuset mig översättningar av "The Pickwick Papers" och "David Copperfield". Så snart jag blev fri skrev jag till min bror och bad om böcker, böcker och ännu fler böcker. (11)

Q: Jag håller på att skriva min första roman, finns det något råd du kan ge mig?

A: Detta var vad jag visste med säkerhet när jag började skriva "De förolämpade och skadade", min första roman, på den tiden: 1) att även om romanen skulle bli ett misslyckande, skulle det finnas poesi i den; 2) att det skulle finnas två eller tre brännande och kraftfulla passager i den; 3) att de två viktigaste karaktärerna skulle skildras sanningsenligt och till och med konstnärligt. Detta var verkligen tillräckligt för mig. Det resulterade i ett märkligt verk, men det innehåller ett femtiotal sidor som jag är stolt över... (12)

Q: Efter att ha läst "The Insulted and Injured" kan jag intyga att det finns mycket mer för dig att vara stolt över i den. Skulle jag kunna övertala dig att läsa ett stycke ur den boken?

Herr Dostojevskij stack ner handen i kavajfickan och tog fram sina glasögon. Han bar dem aldrig offentligt, bara privat, och jag kände mig privilegierad att han kände sig bekväm nog att ta på sig dem i min närvaro. (13)

A: Jag skulle föredra att läsa något ur den här boken för dig i stället:

DEVILS

Det fanns ett vattenfall där, ett mycket litet sådant; det föll från högt uppe i bergen, som en tunn tråd, alldeles vitt och skummande. Det föll från en stor höjd, men verkade vara mycket nära, och det var en halv mil bort, men du skulle ha sagt att det bara var femtio meter. Jag älskade att lyssna till ljudet på natten, och vid sådana tillfällen blev jag fruktansvärt rastlös. Ibland vid middagstid gick jag i bergen och stod där, halvvägs upp på bergssidan med de gamla kådrika tallarna omkring mig, så höga de var, och någonstans högt uppe på de branta klipporna fanns ett medeltida slott i ruiner, långt borta, och den lilla byn låg nedanför, långt borta, nästan osynlig, och solen sken och himlen var så blå och det fanns bara denna fruktansvärda tystnad runt omkring mig. Jag tyckte att jag hörde en mystisk kallelse, och sedan skulle det komma till mig att om jag gick rakt fram och fortsatte att gå en lång stund, skulle jag komma till linjen där jorden och himlen möts, och då skulle jag hitta nyckeln till hela mysteriet och upptäcka en ny form av liv rikare och mer fantastisk än vår. Jag drömde om en storstad lika stor som Neapel, full av palats och tumult och spännande liv, och då slog det mig att livet kan avnjutas lika magnifikt i ett fängelse. (14)

Q: Tyckte läsarna att dina verk var för råa, för realistiska?

A: Verkligheten är inte begränsad till det vi känner till. Den innehåller nämligen en enorm portion av något i form av det osagda framtida Ordet. Jag har min egen syn på verkligheten och det som de flesta människor kallar fantastiskt och exceptionellt är för mig själva essensen av det verkliga. Den vardagliga sidan av händelserna och den konventionella synen på dem är ännu inte realism, utan snarare dess motsats. Ens skildring av saker är mycket svagare än sakerna själva ... Min syn på verkligheten och realismen skiljer sig från våra realisters och kritikers ... Deras realism kan inte förklara en bråkdel av verkliga, faktiska fakta, men vi försöker till och med profetera fakta hela tiden. Dublicitet maskerar den andra sidan av sanningen - allt detta är illa nog. Men om alla människor nu skulle träda fram som de verkligen är, då säger jag er att det skulle vara mycket värre. De kallar mig psykolog. Det är inte korrekt. Jag är realist i ordets fulla bemärkelse, det vill säga jag försöker skildra djupet i den mänskliga själen...Som realist söker jag människan i människan. (15)

Q: "Är det sant att du brände ett nästan färdigt utkast till Brott och straff?"

A: Jag satt som en fånge över mitt arbete. Det var en roman för "Russian Messenger". Det var en lång roman i sex delar. Mot slutet av november 1865 var en hel del skrivet och färdigt. Jag brände upp allt. Jag tyckte inte om det själv. En ny form, en ny plan förde mig bort och jag började om på nytt. Jag arbetade dag och natt och ändå arbetade jag för lite. Romanen är ett poetiskt verk som kräver lugn i sinnet och fantasi. Vid den här tiden plågade mina fordringsägare mig och hotade att skicka mig i fängelse. (16)

Q: Är det sant att du nästan förlorade upphovsrätten till ditt verk?

A: Jag sålde dumt nog alla upphovsrätter till ett vinstdrivande förlag för att kunna betala mina skulder. Om jag inte skrev en ny roman före den 1 november 1866 skulle alla mina verk, inklusive verk som jag ännu inte hade skrivit, bli förläggarens egendom. Jag påbörjade "Brott och straff" och i november brände jag den. På tjugosex dagar skrev jag mer än 200 sidor, som blev "The Gambler" och lyckades hålla tidsfristen och betala mina skulder. (17)

Att diskutera dessa frågor verkade uppröra Dostojevskij, som rullade cigarett efter cigarett. Han såg sig omkring, försiktig som en kanin - tills Madame Delatour sträckte sig fram och tände hans cigarett åt honom.

Jag är övertygad om att inte en enda av våra andra författare, vare sig förr eller nu, död eller levande, skrev under sådana förhållanden som de under vilka jag var tvungen att skriva hela tiden. Vissa som Turgenev skulle ha dött vid blotta tanken. Om de bara visste hur deprimerande det var att förstöra en idé som fötts inom en, som man blivit entusiastisk över, som man visste var bra - och att tvingas förstöra den medvetet! (18)

Hans innerliga ord gav mig tårar i ögonen, och jag tog hans darrande händer i mina och började recitera hans egna ord för honom. I själva verket var det exakt samma ord som han hade fått stående ovationer för under sitt tal inför "Sällskapet för vänner av rysk litteratur" i augusti 1880. Detta tal nedtecknades senare i "En författares dagbok" -

Ödmjuka dig själv, stolta man! Framför allt, bryt ner din högmodighet! Ödmjuka er, ni dagdrivare, och lär er att arbeta på vår heliga jord!

Sanningen finns inom dig; den finns inte utanför. Hitta därför dig själv inom dig! Det är inte din uppgift att överväldiga andra. Underkasta dig själv! Var herre över dig själv! Sålunda skall du uppfatta sanningen!

Sanningen ligger inte i ting, inte utanför dig, inte i fjärran länder. Den ligger i ditt eget sökande efter självförbättring. Om du erövrar dig själv, om du ödmjukar dig själv, då skall du bli fri bortom dina drömmar. Du skall arbeta med en värdig uppgift. Du skall göra andra fria, och däri skall du finna lycka, ty ditt liv kommer att vara uppfyllt, och du skall äntligen upptäcka en förståelse för ditt eget folk och dess heliga sanning. (19)

Hans ögon fylldes av medkänsla och tårarna rann nerför hans ihåliga kinder när hans bild började blekna bort. Han ångrade inte att han återvänt till jorden. Han hade aldrig tänkt på att det skulle bli en så smärtsam återuppståndelse.

Jag kände mig skyldig till att ha fått minnena att flöda tillbaka till hans sinne. Det hade inte varit min avsikt. Mr Dostojevskij läste mina tankar och klappade mig försiktigt på handryggen på ett faderligt sätt medan han försvann från Heathrow Airport, nu och för alltid.

När jag satt och tittade på hans lediga stol kunde jag inte låta bli att minnas följande ord från:

DEN MÅNGFALDIGE

"Varför dog hon?", gråter han, "...Vi kunde ha löst allt...Varför, varför kunde vi inte komma samman igen och börja ett nytt liv? Bara några ord, två dagar, inte mer, och hon skulle ha förstått allt ... Det som gör mest ont är att allt detta är en olycka, en helt enkelt barbarisk, dum olycka! Det är det som gör ont. Fem minuter, precis för sent!!!... "Människor, älska varandra" - vem sa det? Vem har sagt att vi måste älska varandra? Så känslolöst klockan tickar på. Klockan är nu två på morgonen. Hennes skor ligger där vid sängen som om de väntade på henne... Nej, verkligen, när de har burit ut henne i morgon, vad skall det då bli av mig?" (20)

Jag slog igen boken, tog min resväska och försvann in i folkmassan. Mitt hjärta var tungt och när jag till slut var på väg hem igen sov jag en drömlös sömn.

Du kan inte gå fel när du läser någon av Fjodor Dostojevskijs romaner. Ha tålamod och dina belöningar kommer att bli många!

Fattigt folk

Spelaren

Idioten

De förolämpade och skadade

Djävlarna

Bröderna Karamazov

Den evige äkta mannen

Den ödmjuke

Anteckningar från underjorden

Brott och straff

Dubbelgångaren

En rå ungdom

De dödas hus

En författares dagbok

Gentle Spirit

Krokodilen

En löjlig mans dröm

Lilla föräldralösa barnet

Värdinnan

Främlingskvinnan

En julgran och ett bröllop

En ärlig tjuv.

Gör svidaniya!

Cathy McGough

Din intervjuare av legendariska författare från bortom

KEATS BESÖKER MIN FÖDELSEORT

Det var en solig dag tidigt på hösten 1999, när jag satt vid stranden av floden Avon i min födelsestad Stratford (Ontario, Kanada), som en oväntad gäst dök upp.

Jag hade lagt ut en filt över det nyklippta gräset och doften spred sig lätt genom filten. De härliga svanarna rörde sig mot mig och gjorde sina röster hörda i hopp om att få en brödbit.

Blåskrikorna och rödhakarna kvittrade, och miljön var perfekt för en dikt av John Keats:

TILL HÖSTEN

Dimmornas och den milda fruktbarhetens årstid,
Nära bröstvän till den mognande solen;
Konspirerar med honom hur man laddar och välsignar

Med frukt vinrankorna som runt takfoten löper;
Att böja med äpplen, de mossiga stugträden,
Och fylla all frukt med mognad till kärnan;
Att svälla kalebassen, och plumpa hasselskalen
Med en söt kärna; att sätta knoppande mer,
Och ännu fler, senare blommor för bina,
Tills de tror att varma dagar aldrig kommer att upphöra,
För sommaren har fyllt deras kladdiga celler.
Vem har inte sett där ofta bland din butik?
Ibland kan den som söker utomlands hitta
Du sitter vårdslös på ett spannmålsmagasin golv,
Ditt hår mjukt lyfts av den vinnande vinden;
Eller på en halvt skördad fåra som sover djupt,
Sömndrucken av vallmons rök, medan din krok
Skonar nästa sträng och alla dess tvinnade blommor:
Och någon gång som en samlare du håller
Stadigt ditt lastade huvud över en bäck;
Eller vid en ciderpress, med tålmodig blick,
Du tittar på de sista oozings, timmar efter timmar.
Var är vårens sånger? Ja, var är de?
Tänk inte på dem, du har din musik också, -
Medan barrikaderade moln blommar den mjuka döende dagen,
Och rör vid stubbplattorna med rosig nyans;
Då i en klagande kör de små gnagarna sörjer
Bland flodernas sälgar, som bärs upp i luften
Eller sjunker som den lätta vinden lever eller dör;

Och fullvuxna lamm bräker från kuperad bourn,
Häggmispel sjunger, och nu med diskant mjuk
Rödbröstet visslar från en trädgårdskropp,
Och svalor som samlas kvittrar i himlen. (1)

Jag vaknade med en skräll av det mullrande motorljudet från en Trans Am och såg mig oroligt omkring, för jag hade väntat på Madame Delatour. Först kunde jag inte se henne, men sedan hörde jag fotsteg på Island Bridge och märkte att hon ledde John Keats mot mig.

John Keats föddes för tidigt, antingen den 29 eller 31 oktober 1795, i ett stall vid skylten till Swan and Hoop, Finsbury Pavement - som vette mot den då öppna platsen Lower Moorfield. (2) Han var inte långvarig för denna värld och dog vid en ålder av 25 år den 23 februari 1821.

Långsamt gick han mot mig, medan hans stövlar gjorde ett klinkande, klinkande, klinkande ljud när de kysste träbron.

John Keats bar en mörk kostym med många silverknappar på framsidan och längs manschetterna. Inuti var en vit skjorta med matchande kravatt. Hans mest utmärkande drag var hans röda lockiga hår och hans drömska blå ögon. Han tittade sig omkring från sida till sida som ett barn i en godisaffär.

Han tog min hand i sin och frågade vilken förtrollad plats han hade blivit inbjuden att besöka. Han var särskilt intresserad av den stora atriumliknande byggnaden i glas, som var inramad av skönheten bakom oss.

Jag förklarade att byggnaden var "The Stratford Festival" - en idé som Tom Patterson fick på 1950-talet och som ägnades åt liveuppsättningar av pjäser, särskilt William Shakespeares verk.

Jag blir aldrig riktigt förtvivlad när jag läser Shakespeare - jag tror faktiskt att jag aldrig kommer att läsa någon annan bok så mycket. Nu kan detta leda mig in i en lång Confab, men jag avstår. Jag är mycket nära att hålla med Hazlitt om att Shakespeare är tillräckligt för oss. (3)

Q: Någon sade en gång: "Variation är livets krydda" - Shakespeare ja, men lite Keats är också nödvändigt. Skulle du vilja dela med dig av ditt tidigaste barndomsminne?

A: För det första, kalla mig John - och tack för dina vänliga ord. Jag minns inte varför jag gjorde det, men jag minns att jag tog ett svärd och ställde mig i dörren till min mammas sovrum och sa: "Ingen får komma in i eller lämna det här huset!" Jag var bara 5 år vid den tiden och trodde att vi hade besök. Jag levde livet med hela mitt väsen och "kunde känna glädje och sorg med mina händer". (4)

Q: Finns det någon tidpunkt som du kan minnas - när du bestämde dig för att livet som poet var något för dig?

A: Mina kära föräldrar dog båda innan jag fyllde 15 år, och mina år med dem, som jag gärna jämförde med läsningen av en ständigt föränderlig saga, tog slut. Jag skrev till mina vänner och bad desperat om ett exemplar av Spensers "Faery Queen" och läste scenerna som en ung hingst som släppts lös på en våräng. Det var då jag för första gången drabbades av poetens feber. (5)

Q: Hade du en regelbunden rutin för att skriva?

A: Jag läste och skrev ungefär åtta timmar om dagen. Det finns ett gammalt talesätt som säger att "väl påbörjat är halvgjort" - det är ett dåligt talesätt. Jag skulle i stället vilja säga: "Inte alls påbörjad förrän halvfärdig", så enligt detta har jag inte påbörjat min dikt och kan följaktligen (a priori) inte säga något om den. Tack gode Gud för det! (6)

Q: Trodde du att du en dag skulle bli betraktad som en stor poet?

A: Det finns ingen större synd efter de sju dödliga än att inbilla sig att man är en stor poet - eller en av de varelser som har förmånen att få slita ut sitt liv i jakten på ära - hur bekvämt känns det inte att ett sådant brott måste medföra sitt tunga straff? Att om man är en självbedrägeri kommer kontot att balanseras? (7)

Q: Vilken roll spelade fantasin i ditt skrivande?

A: Jag är inte säker på något annat än att hjärtats känslor är heliga och att fantasin är sann. Det som fantasin uppfattar som skönhet måste vara sanning - vare sig den funnits tidigare eller inte, - för jag har samma uppfattning om alla våra passioner som om kärleken: de är alla, i sitt sublima, skapande av väsentlig skönhet. Med ett ord, ni känner kanske igen min favoritspekulation genom min första bok och den lilla sång jag skickar med i min sista, som är en representation från fantasin av det sannolika sättet att fungera i dessa frågor. Fantasin kan jämföras med Adams dröm - han vaknade och fann den vara sanning. Jag är mer nitisk i denna fråga eftersom jag ännu aldrig har kunnat förstå hur något kan bli känt som sanning genom konsekutiva resonemang - och ändå måste det vara det. Det enkla fantasifulla sinnet kan få sin belöning i upprepningen av sitt eget tysta arbete som ständigt kommer till anden med en fin plötslighet. (8)

Q: Tror du att jordisk lycka är möjlig att uppnå?

A: Jag minns knappast att jag räknade med någon lycka - jag söker den om den inte finns i den nuvarande timmen, - ingenting skrämmer mig längre än ögonblicket. Solnedgången får mig alltid att vakna till, eller om en sparv kommer fram till mitt fönster, tar jag del av dess existens och plockar i gruset. Det första som slår mig när jag hör talas om en olycka som drabbat någon annan är detta: "Det kan inte hjälpas: han får nöjet att pröva sin själs resurser." (9)

Q: Ångrar du att du aldrig gifte dig?

A: Jag hoppades att jag aldrig skulle gifta mig. Även om de vackraste varelser väntade på mig vid slutet av en resa eller en promenad; även om mattan var av siden, gardinerna av morgonmoln, stolarna och soffan stoppade med Cygnet's dun; maten Manna, vinet bortom Claret, fönstret som öppnade sig mot Winander Mere, skulle jag inte känna - eller snarare min lycka skulle inte vara så fin, som min ensamhet är sublim.

I stället för det jag har beskrivit finns det en sublimitet som välkomnar mig hem - vindens dån är min fru och stjärnorna genom fönsterrutan är mina barn. Den mäktiga abstrakta idé jag har om skönhet i alla ting kväver den mer uppdelade och minutiösa inhemska lyckan - en älskvärd fru och söta barn betraktar jag som en del av denna skönhet, men jag måste ha tusen av dessa vackra partiklar för att fylla mitt hjärta.

Jag kände mer och mer för varje dag, allteftersom min fantasi stärktes, att jag inte levde i världen ensam utan i tusen världar - Knappt var jag ensam förrän gestalter av episk storhet stationerades runt mig och tjänade min ande det ämbete som var likvärdigt med en kungs livvakt - då "kom tragedin svepande förbi". Beroende på min sinnesstämning var jag med Akilles som ropade i skyttegravarna eller med Theokritos i Siciliens dalar. Eller så kastade jag hela mitt väsen in i Troilus och upprepade dessa rader: "Jag vandrar som en förlorad själ på de stygiska bankarna och stannar för att få luft", och jag smälte i luften med en vällust så delikat att jag var nöjd med att vara ensam. Dessa saker, i kombination med den uppfattning jag har om kvinnor i allmänhet - som för mig framstår som barn som jag hellre skulle ge ett sockerplommon än min tid

- utgör en barriär mot äktenskap som jag gläder mig åt. (10)

Q: Ett sockerplommon! Då kanske det är bra att du aldrig gifte dig. Tror du att det är nödvändigt att uppleva något själv för att kunna skriva om det?

A: Ingenting blir någonsin verkligt förrän det upplevs - inte ens ett ordspråk är ett ordspråk för dig förrän ditt liv har illustrerat det. Jag jämförde människans liv med en stor herrgård med många lägenheter, av vilka jag bara kan beskriva två, eftersom dörrarna till de övriga ännu är stängda för mig. Den första vi stiger in i kallar vi barnkammaren eller den tanklösa kammaren, där vi stannar om vi inte tänker.

Vi stannar där en lång stund, och trots att dörrarna till den andra kammaren fortfarande står öppna och ser ljusa ut, bryr vi oss inte om att skynda dit, men till slut drivs vi omärkligt av att den tänkande principen inom oss vaknar - vi har knappt hunnit in i den andra kammaren, som jag skall kalla den jungfruliga tankens kammare, förrän vi blir berusade av ljuset och atmosfären, vi ser ingenting annat än behagliga underverk och tänker på att stanna där för evigt i glädje.

Men bland de effekter som denna andning är upphov till finns den oerhörda effekten att skärpa blicken in i människans hjärta och natur - att övertyga nerverna om att världen är full av elände och hjärtesorg, smärta, sjukdom och förtryck - varigenom denna jungfrutankens kammare gradvis blir mörkare och samtidigt på alla sidor om den, många dörrar sätts att öppnas - men alla mörka - alla leder till mörka passager. Vi ser inte balansen mellan det goda och det onda; vi befinner oss i en dimma, vi befinner oss nu i det tillståndet, vi känner "Mysteriets börda". Om vi nu lever och fortsätter att tänka kommer vi att utforska alla passager. (11)

Q: Brydde du dig om vad andra tyckte om dig?

A: En del tyckte att jag var medelmåttig, andra dumma, andra enfaldiga - alla tyckte sig se min svaga sida mot min vilja, när det i själva verket är med min vilja - jag var nöjd med att bli betraktad som allt detta eftersom jag har en så stor resurs i mitt eget bröst.

Detta var en stor anledning till att de tyckte så mycket om mig: för att de alla kunde visa sig med fördel i ett rum och förmörka från en viss takt en som anses vara en bra poet.

Jag hoppades att jag inte var här för att spela ett spratt "som skulle få änglarna att gråta". Jag trodde inte det, för jag hade inte det minsta förakt för min art, och även om det kan låta paradoxalt, så gjorde mina största själsliga upphöjelser mig varje gång mer ödmjuk - Nog om detta - även om du i din kärlek till mig inte kommer att tycka att det är nog. (12)

Q: Du har rätt; jag tycker om att lyssna på dig och önskar att vi hade mer tid. Kan du beskriva hur du såg på världen?

A: Jag hatade världen: den slog för mycket mot min egenviljas vingar, och jag hade velat ta ett sött gift från dina läppar för att ta mig ur den. Från ingen annan skulle jag ta det. (13)

Jag blev förvånad över hans uttalande och rodnade ursinnigt.

Q: På tjugofem år uppnådde du mer än många författare gör under sin livstid. Var odödlighet din drivkraft?

A: Jag har inte lämnat något odödligt verk efter mig - inget som gör mina vänner stolta över mitt minne - men jag har älskat principen om skönhet i allt, och om jag hade haft tid skulle jag ha gjort mig ihågkommen. (14)

Q: Vad har du för råd till framtida poeter?

A: För det första anser jag att poesi bör överraska genom ett fint överflöd och inte genom singularitet; den bör slå läsaren som en formulering av hans egna högsta tankar och framstå nästan som ett minne.

För det andra bör dess skönhet aldrig vara halvvägs, så att läsaren blir andfådd i stället för nöjd. Bildspråkets uppgång, utveckling och nedgång bör, liksom solen, komma naturligt till läsaren, skina över honom och gå ned nyktert, fastän storslaget, och lämna honom i skymningens lyx.

Men det är lättare att tänka sig vad poesi borde vara, än att skriva den. Och detta leder mig till en annan punkt.

För det tredje, om poesin inte kommer lika naturligt som löven till ett träd, är det bäst att den inte kommer alls. (15)

Q: John, du är en av de mest vördade poeterna genom tiderna, hedrad i Westminster Abbey i Poet's Corner och skolor över hela världen studerar din poesi varje år. Känner du att din framgång mer berodde på omständigheterna?

A: Omständigheter är som moln som ständigt samlas och spricker - medan vi skrattar läggs fröet till något problem i händelsernas vidsträckta åkermark - medan vi skrattar gror det, det växer och bär plötsligt en giftig frukt som vi måste plocka. (16)

Q: Vad är din definition av en poet?

A: En poet är det mest opoetiska av allt som finns, eftersom han inte har någon identitet - han är ständigt på jakt efter och fyller någon annan kropp - solen, månen, havet och män och kvinnor som är impulsiva varelser är poetiska och har en oföränderlig egenskap - poeten har ingen, ingen identitet - han är verkligen den mest opoetiska av alla Guds varelser. (17)

Q: Jag är poet och min musa har övergivit mig. Finns det något råd du kan ge mig - för att komma tillbaka till skrivandet igen?

A: Bli inte avskräckt av ett misslyckande. Det kan vara en positiv erfarenhet. Misslyckanden är på sätt och vis vägen till framgång, eftersom varje upptäckt av det falska leder oss till att allvarligt söka efter det sanna, och varje ny erfarenhet pekar ut någon form av fel som vi sedan noggrant skall undvika.

Poesi bör behaga genom ett fint överflöd och inte genom singularitet. Den bör slå läsaren som en formulering av hans egna högsta tankar och framstå nästan som ett minne. (18)

Q: Din vän Lord Byron citeras för att ha sagt att recensionen i "The Quarterly" kan ha lett dig till en tidig död, är det sant?

A: Det skadade mig inte det minsta i samhället att få mig att verka liten och löjlig: jag vet när en man är överlägsen mig och ger honom all tillbörlig respekt - han skulle vara den siste att skratta åt mig och vad gäller resten kände jag att jag gjorde ett intryck på dem som försäkrade mig personlig respekt medan jag var i sikte vad de än kan ha sagt när jag vände ryggen till.

Det enda som någonsin kan påverka mig personligen mer än en kort dag är tvivel på min förmåga att skriva poesi - jag har sällan några sådana och jag ser med hopp fram emot den nära tiden då jag inte kommer att ha några. Jag är så lycklig som en människa kan vara. (19)

Q: Skulle du vilja läsa en av dina dikter?

A: Låt mig tänka. Ja, jag vet precis vilken:

DE MÄNSKLIGA ÅRSTIDERNA

Fyra årstider fyller årets mått;

Det finns fyra årstider i människans sinne;

Han har sin lustfyllda vår, när fantasin klar

Tar in all skönhet med ett enkelt spann:
Han har sin sommar, när lyxigt
Vårens honungsdrypande kuddar av ungdomlig
tanke han älskar
Att grubbla, och genom sådant drömmande högt
Är närmast till himlen: tysta vikar
Hans själ har i sin höst, när hans vingar
Han rullar nära; nöjd så att titta
På dimmor i sysslolöshet - att låta rättvisa saker
Passera förbi ohörd som en tröskel bäck.
Han har sin vinter också av blek missbild,
Annars skulle han avstå från sin dödliga natur. (20)

Medan John läste började en grupp unga flickor klädda i skoluniformer samlas runt honom. När han var klar applåderade de, fnissade och viskade när den djärvaste i gruppen gick fram och bad om hans autograf.

John blev förvånad över all uppmärksamhet, men samtidigt otroligt glad. Han frågade var och en av flickorna vad de hette och skrev under med sitt namn.

Flickorna viskade sinsemellan och tog sedan farväl av oss när de gick vidare. De hade inte hunnit långt förrän jag märkte att John började försvinna alltmer. Jag hann knappt vinka hej då innan han försvann.

När de gick därifrån hörde jag en av flickorna läsa hans namn högt och säga:

"John Keats? Jag undrar vilken pjäs han är med i. Han är verkligen söt!"

Jag rullade ihop min filt och gick bort från den strömmande Avonfloden och hoppades att de där flickorna en dag skulle läsa och upptäcka John Keats verk. Jag hade en känsla av att den autograf de fick kanske skulle vara "Skriven i vatten", precis som de ord som stod på hans gravsten.

Jag lämnar er nu med följande ord:

"Passionens och glädjens barder, ni som har lämnat era själar på jorden. Ni har själar i himlen också, dubbellivade i nya regioner." (21)

Ta reda på mer om John Keats genom att läsa den inspirerande samling som han har lämnat efter sig. Jag uppmuntrar dig att leta upp följande:

The Eve of St. Agnes

The Eve of St. Mark

Hyperion

Endymion

Lamia

Sömn och poesi

Till en näktergal

På en grekisk urna

Till Psyke

Om melankoli

Barder av passion och munterhet

När jag har rädslor

Om att för första gången titta in i Chapmans Homeros

Gräshoppan och syrsan

Om att se en hårlock från Milton

De mänskliga årstiderna
Till Byron
Var är poeten?
Wes du hal!
Cathy McGough
Din intervjuare av legendariska författare från bortom

HENRY WADSWORTH LONGFELLOW MINNESSAKER

Det är skymning och mycket snart kommer vår gäst att anlända. I kväll kommer Madame Delatour att kontakta Henry Wadsworth Longfellow som har utnämnts till Amerikas finaste poet genom tiderna.

Vi kontaktar honom på kvällen, så att vi kan njuta av en av våra favoritsysselsättningar tillsammans - att promenera. Med lite tur kommer stigen att vara relativt fri från joggare, cyklister och liknande så att Mr Longfellow och jag kan promenera i fred.

Henry Wadsworth Longfellow föddes den 27 februari 1807 i Portland, Oregon. Mr Longfellow var en poet som levde sitt liv enligt orden "pennan är mäktigare än svärdet". Han väjde aldrig för konflikter och kämpade alltid för sina medmänniskors rättigheter. I grund och botten var det hans själ som gav näring åt Amerikas vildmark. (1)

Madame Delatour var upptagen med att kontakta Mr Longfellow, och under tiden läste jag högt en dikt utan titel som jag nyligen upptäckt i en bok som heter "Borrowings". Bokens mockapärmar hade blivit slitna av tidens tand, och det med rätta eftersom den var utgiven 1899. Den var långt ifrån i perfekt skick, men jag förstod genast att den hade blivit misshandlad och söndertrasad av kärlek. Inuti fanns det många tidningsklipp med dikter.

Bland bokens skatter fanns denna obetitlade pärla, som tillskrivs Mr Longfellow:

Som en trött mor när dagen är slut,

Leder i handen sitt lilla barn till sängs,

Hälften villig, hälften motvillig att ledas,

Och lämnar sina trasiga leksaker på golvet,

Fortfarande stirrar på dem genom den öppna dörren,

Inte heller helt lugnad och tröstad

Genom löften om andra i deras ställe,

Som även om de är mer fantastiska, kanske inte behagar honom mer

Så naturen handlar med oss och tar bort

Våra leksaker en efter en, och med handen

Leder oss till vila så mjukt att vi går

Knappt vet vi om vi vill gå eller stanna,

Att vara för full av sömn för att förstå

Hur långt det okända överskrider det vi vet. (2)

Jag stängde försiktigt boken och tog hand om alla dess odds och bods kvar inuti, när jag märkte Henry Wadsworth Longfellow gå mot mig på stigen.

Han var av medellängd, med ett huvud och ansikte som var i högsta grad poetiskt. Den stora charmen i hans ansikte låg i hans blå, djupt sittande ögon under överhängande ögonbryn, som gav ett obeskrivligt uttryck av tanke och ömhet. Trots att hans ansikte var kantat av många rynkor, hade det en rosig nyans av hälsa och hans hår var snövitt. Hans sätt hade en barnslig enkelhet men var ändå av en ogenomtränglig värdighet. (3)

Han presenterade sig och sträckte fram handen. Jag blev förskräckt över hans stillsamma och ödmjuka sätt och kände genast att han var en gammal vän som återvänt från en lång resa. Vi gick arm i arm medan jag såg in i hans blå ögon och började vår intervju.

Q: När du var barn älskade du att läsa. Vilka böcker gjorde störst intryck på ditt unga sinne?

A: Som barn hade jag turen att ha ett helt bibliotek med böcker som kunde underhålla mig. Min far såg till att jag fick det, även om han inte ville att jag skulle bli författare. Författare som jag avgudade var Shakespeare, Milton och Pope, Dryden och Goldsmith, för att bara nämna några. Jag älskade "Tusen och en natt" och "Don Quijote" ... men den första bok som fascinerade min fantasi var Washington Irvings "Sketch Book".

Jag läste den med "ständigt ökande förundran och förtjusning, trollbunden av dess trevliga humor, dess melankoliska ömhet, dess atmosfär av eftertanke - ja, till och med av dess gråbruna pärmar, de skuggade bokstäverna i titlarna och den ljusa, klara typsnittet, som verkade vara en yttre symbol för dess stil. (4)

Q: Din far ville inte att du skulle bli författare?

A: När jag gick på college bestämde jag mig för att inleda en litterär karriär. Min far skickade ett brev till mig på Bowdoin College där han varnade mig för en sådan bana och påpekade att det inte fanns tillräckligt med rikedom i Amerika för att en litterär man skulle ha råd att försörja sig. Min far var en skarpsinnig man. Han inledde brevet med en praktisk varning och avslutade det med en poetisk kritik:

"Jag ser en del poesi i U.S. Literary Gazette", skrev han, "som jag av signaturen att döma antar vara från din penna. Det är en mycket vacker produktion, och jag läser den med nöje. Men du kommer att observera att den andra raden i den sjätte versen har för många fötter." (5)

Q: Vem inspirerade dig till att bli författare?

A: Min farfar, General Wadsworth, som jag ibland tillbringade mina sommarlov med på hans gård, skrev satiriska verser. Han var en fantastisk historieberättare och hade en stor mängd personliga minnen från sin tid i Harvard och armén, hans tillfångatagande av britterna och hans flykt från Fort

George i Castine. Alla dessa saker hade sin effekt på mitt lättpåverkade sinne. (6)

Q: Har du alltid varit passionerad när det gäller promenader?

A: Ja, det var alltid min främsta motionsform. När snön var djup högg jag ved och tyckte att det var ganska irriterande. Som ett provisorium skrev jag en gång till min far: "Jag har ritat en bild på min garderobsdörr som är ungefär lika stor som jag själv, och när jag känner att jag behöver motion, tar jag av mig rocken och betraktar bilden som en försvarsställning och gör mina rörelser som om jag vore i verklig strid. Detta är ett mycket klassiskt nöje, och jag har redan blivit ganska skicklig som pugilist." (7)

Q: Skulle du kunna tänka dig att läsa en av dina dikter?

A: Det skulle vara en ära:

BYGGARNA

Alla är ödets arkitekter,
som arbetar inom tidens väggar;
Vissa med massiva gärningar och stora,
Några med ornament av rim.
Ingenting värdelöst är, eller lågt;
Varje sak på sin plats är bäst;
Och vad som verkar vara bara tom show
Stärker och stödjer resten.
För strukturen som vi höjer,
Tiden är med material fylld;

Våra dagar i dag och i går
Är de block med vilka vi bygger
Verkligen forma och forma dessa;
Lämna inga gäspande luckor emellan;
Tänk inte, för ingen människa ser,
Sådana saker kommer att förbli osedda.
I konstens äldre dagar,
Byggare arbetade med största omsorg
Varje minut och osynlig del;
För gudarna ser överallt.
Låt oss göra vårt arbete lika bra,
Både det osynliga och det sedda;
Gör huset, där gudar kan bo,
Vackert, helt och rent.
Annars är våra liv ofullständiga,
Stående i dessa tidens väggar,
Trasiga trappor, där fötterna
Snubblar när de försöker klättra.
Bygg idag, då, starkt och säkert,
Med en fast och riklig bas;
Och stigande och säker
Skall i morgon finna sin plats.
Enbart så kan vi nå
Till dessa torn, där ögat
Ser världen som en enda stor slätt,
Och en gränslös räckvidd av himmel. (8)

Q: Du har samlat en fantastisk samling minnessaker och visar upp dem i ditt hem. Berätta för mig om dem.

A: De fanns i mitt arbetsrum där tystnaden endast bröts av den gamla klockans slag i hörnet. Ett bord i mitten av rummet var belamrat med böcker och papper som såg ut att vara i en ordnad oordning, vilket jag är säker på att alla författare i er tid kan relatera till.

På samma bord stod Samuel Taylor Coleridges bläckfat med en tidig volym av hans dikter med anteckningar i hans egen handstil, som var så skraltig som ett genis handstil borde vara.

Bland bilderna i rummet fanns avbildningar med kritor av Emerson, Sumner och Hawthorne, alla tagna när dessa berömda män var i sin ungdoms glans.

Vi skulle kunna tillbringa hela dagen med att diskutera de saker som fanns utställda i mitt arbetsrum. Enbart ett skåp innehöll en bit av Dantes kista, en cylinder med några lysande afrikanska skalbaggar, två käppar (den ena gjord av reserven från det fartyg på vilket "The Star Spangled Banner" skrevs och den andra från "Acadie" och var krönt av ett avskyvärt huvud som var min idé om "Evangeline". (9)

Q: Är det sant att en annan författare missade chansen att skriva om "Evangeline"?

A: Ja, det var faktiskt så att en kyrkoherde vid en kyrka i södra Boston hade försökt förmå Nathaniel Hawthorne att använda sig av berättelsen. Vid en middag med de två sa jag till Mr Hawthorne: "Om du verkligen inte vill ha den här händelsen som en berättelse, låt mig då få den som en dikt." Jag skrev färdigt "Evangeline" 1847. (10)

Q: Det måste också finnas en fascinerande historia om "The Ballad of the Schooner Hesperus"?

A: Den 17 december 1839 plågades jag av tandvärk och dyspepsi. Jag minns att jag skrev till min far: "Nyheter om skeppsbrott fruktansvärda på kusten. Tjugo kroppar spolades i land nära Gloucester, en surrad vid en del av vraket. Det finns ett rev som kallas Norman's Woe där många av dessa ägde rum; bland annat skonaren Hesperus ... Jag måste skriva en ballad om detta."

Nästan fjorton dagar senare tog jag åter upp min penna och skrev till min far: "Jag satt i går kväll till klockan tolv vid min brasa och rökte, då jag plötsligt kom att tänka på att skriva Balladen om skonaren Hesperus, vilket jag också gjorde. Sedan gick jag till sängs men kunde inte sova. Nya tankar for genom mitt huvud och jag gick upp för att lägga till dem i balladen. Klockan var tre på natten. Jag gick till sängs och somnade. Jag känner mig nöjd med balladen. Den kostade mig knappast någon ansträngning. Jag kom inte att tänka på den i rader utan i strofer." (11)

Q: Får jag vara med och recitera din dikt "The Arrow and The Song" när vi tar oss över bron?

A: Perfekt val min vän, perfekt val!

PILEN OCH SÅNGEN

Jag sköt en pil upp i luften,
Den föll till jorden, jag visste inte var

För så snabbt den flög, kunde synen
Kunde inte följa den i dess flykt
Jag andades en sång i luften,
Den föll till jorden, jag visste inte var
För vem har en syn så skarp och stark
Att den kan följa sångens flykt?
Långt, långt efteråt, i en ek
Hittade jag pilen, fortfarande obruten
Och sången, från början till slut,
återfann jag i en väns hjärta. (12)

Q: Har du något råd till författare år 2003 och framåt?

A: År 1850 skrev jag: Om jag vill göra något inom litteraturen måste det ske nu. Få män har skrivit bra poesi efter femtio. Jag trodde att det var ett sant och gott råd ända tills "Den gyllene legenden" kom ut 1851. De tryckte 3500 exemplar, som sålde slut omedelbart. Jag var då 56 år gammal. Det verkar som om tankar, liksom barn, har sina perioder av dräktighet och sedan föds, vare sig vi vill eller inte. Detta var en iakttagelse jag gjorde efter att ha avslutat "The Reaper and The Flowers". (13)

Q: Mr Longfellow, det har varit ett nöje att promenera med dig. Men jag är rädd att både vår tid och denna dag närmar sig sitt slut. Skulle du ha något emot att recitera en lämplig dikt för oss? Kanske en som drar för gardinerna för den här tiden vi har delat?

A: Ah ja:

DAGEN ÄR SLUT

Dagen är slut, och mörkret
faller från nattens vingar,
Som en fjäder sveper nedåt
Från en örn i sin flykt

Jag ser ljusen från byn
Skimra genom regnet och dimman,
Och en känsla av sorg kommer över mig
Som min själ inte kan motstå

En känsla av sorgsenhet och längtan,
som inte är besläktad med smärta,
Och liknar bara sorg
Som dimman liknar regnet

Kom, läs en dikt för mig,
Någon enkel och innerlig lek,
som lugnar denna rastlösa känsla,
Och förvisa dagens tankar

Inte från de stora gamla mästarna,
Inte från de sublima barderna,
vars avlägsna fotspår ekar
Genom tidens korridorer

För som stammar av krigisk musik,
Deras mäktiga tankar antyder
Livets ändlösa slit och strävan
Och i kväll längtar jag efter vila

Läs från någon ödmjukare poet,
vars sånger strömmade från hans hjärta,
Som skurar från sommarens moln,
Eller tårar från ögonlocken börjar

Som, genom långa dagar av arbete,

Och nätter utan lätthet,
Fortfarande hörde i sin själ musiken
Av underbara melodier
Sådana sånger har makt att lugna
Den rastlösa pulsen av vård,
Och kommer som välsignelsen
Som följer efter bön.
Läs sedan ur den skattade volymen
Dikten av ditt val
Och låna till poetens rim
Skönheten i din röst
Och natten ska fyllas med musik,
Och de bekymmer som angriper dagen,
Ska vika sina tält som araberna,
Och lika tyst smyga sig bort. (14)

Mr Longfellow stannade kvar, dröjde sig kvar, försvann försiktigt ur min åsyn och höll min hand i sin. Våra själar skildes åt, och ingen annan hyllning kunde vara mer passande än den som den ärade J. D. Long skrev vid Mr Longfellows död:

"Det är ett fattigt talesätt att säga att Longfellow är folkets poet, för ingen poet är en stor eller sann poet som inte är det. Stora mäns liv påminner oss inte så mycket om att vi kan göra våra liv sublima, som att våra liv ÄR sublima, om vi bara inte fördärvar eller förnedrar dem.

Inte genom att sätta melodi på något som är bortom och över dig och mig, inte genom att andas en musik så utsökt att den aldrig darrar i våra fantasier och böner, höjer sig poeten till förträfflighet; utan genom att ge uttryck för de känslor, det finare syfte, den ädelhet som finns i den stora gemensamma naturen, - i sjömannen uppe i trossarna, i jungfrun fastspänd vid den flytande masten, i modern som lägger bort sitt barn, i skolpojken vid sin uppgift eller lek, eller räknar gnistorna som flyger från smedens smedja, i mannen vid sitt arbete eller när han vilar från det, plundrad av blåögda banditer från trappan och hallen.

Så poeten lär oss inte vår olikhet från honom, utan vår nivå med honom, inte vår elakhet, utan vår upphöjdhet. Den musik han skrev ligger oskriven i oss. Låt oss sjunga den i våra liv, vilket vi kan, liksom han sjöng den från sin penna, vilket vi inte kan." (15)

Du kommer att vilja läsa alla hans verk, men här är en lista med några av mina favoriter som kan hjälpa dig att komma igång.

Evangeline

Hiawatha

Vraket av Hesperus

En psalm om livet

Excelsior

Hymn till natten

Min förlorade ungdom

Slavens dröm

Stjärnornas ljus

Änglarnas fotspår

Poesins ande

Livets bägare.

Adjö för den här gången!
Cathy McGough
Din intervjuare av legendariska författare från
bortom

"BANJO" PATERSON ÅTERVÄNDER

För att fira Australiens dag 2002, (26 januari) har vi beslutat att kontakta A. B. "Banjo" Paterson. Paterson föddes den 17 februari 1864 i Narambla, New South Wales.

Medan Madame Delatour förberedde sig för att kontakta Mr Paterson passade jag på att läsa hans mest kända verk - "Waltzing Matilda" som skrevs 1895 i Queensland. För att underlätta din läsning har jag inkluderat asterisker för ord som du kanske ifrågasätter innebörden av. Du hittar definitionerna strax under balladen.

VALSANDE MATILDA

Åh, det var en gång en *swagman som campade i *billabongs,

Under skuggan av ett *Coolabah-träd

Och han sjöng när han tittade på den gamla *billy som kokade,

"Vem vill följa med mig och dansa Matilda?"

CHORUS

Vem kommer med mig, Matilda, min älskling?

Vem kommer och valsar Matilda med mig?

Valsar Matilda och leder en vattenpåse,

Vem kommer och valsar Matilda med mig?

Upp kom *jumbucken för att dricka vid vattenhålet,

Upp hoppade svagmannen och tog tag i honom i glädje

Och han sjöng när han lade honom i sin *tucker-bag,

"Du ska komma och dansa Matilda med mig."

Upprepa korus

Upp kom *squatter a-riding hans fullblod;

Upp kom poliserna - en, två och tre.

"Vems är den jumbuck du har i tucker-påsen?

Du kommer att komma a-waltzing Matilda med oss."

Upprepa KÖR

Upp sprang swagman och hoppade i vattenhålet, och dränkte sig vid Coolabah-trädet;

Och hans röst kan höras när den sjunger i billabongs,

"Vem vill följa med mig och dansa Matilda?" (1)

Upprepa CHORUS

*Swagman = Liknar en Hobo - En man som korsade outbacken till fots och gjorde udda jobb i utbyte mot mat eller pengar. Varför "Swagman"? Döpt efter sin "Swag Roll" - Liknar en ryggsäck som han spände

över axlarna och i vilken han bar alla sina världsliga ägodelar.

*Billabong = Ett vattenhål.

*Coolabah = Den inhemska eukalyptusen (Eucalyptus micro theca).

*Billy = En vattenkokare

*Jumbuck = Ett malfår (aboriginska "hoppa upp")

*Squatter = En person som olagligt ockuperar en annan persons

egendom *Tuckerbag = Som en lunchpåse.

Madame Delatour meddelade mig att Mr Paterson skulle anlända inom kort och utan vidare dröjsmål var han där.

Han hade kort, svart hår med sidbena och mörka, vänliga ögon. Han var klädd i marinblå kostym, vit skjorta med hög krage, blå kravatt och läderhatt, som han tippade på för att hälsa på mig. (2)

Han andades in doften av gummiträden som omger vår balkong och lutade sig framåt och tittade på stigen som slingrar sig fram framför vårt hus. Han hoppades uppenbarligen på att se en häst eller två galoppera förbi och kasta upp den röda australiska jorden med hovarna. Istället var det en ung man som susade förbi på en motoriserad skoter som trollband honom! Han sippade på ett glas iste och inväntade min första fråga.

Q: Hur kom det sig att du blev känd som "The Banjo"?

A: Jag antog namnet efter en kapplöpningshäst som min familj ägde. När jag var tjugotvå år gammal skrev jag mitt första signerade bidrag och det publicerades i "The Bulletin" den 12 juni 1886. Balladen hette "The Bush Fire" och efter det fastnade namnet bara. (3)

Q: J. F. Archibald grundade "The Bulletin" år 1800 och det finns berättelser om att han var mycket hård. Hur var ditt första möte med honom?

A: J. F. var alltid på jakt efter nya författare och kom över några av mina verk. Jag kallades till hans kontor och gick upp för en smutsig trappa på 24 Pitt St. tills jag stod framför en dörr med texten Mr Archibald, Editor. På dörren fanns en livfull teckning av en gentleman som låg helt lös på stranden med en dolk genom sig och på teckningen stod det skrivet: "Archie, det här är vad som kommer att hända med dig om du inte använder min teckning om polisen!" Det muntrade upp mig mycket. Uppenbarligen var detta en fri och enkel plats.

Efter en intervju på tio minuter sa han att han ville att jag skulle försöka med några fler verser. Visste jag något om bushen? Jag berättade för honom att jag hade blivit uppfostrad där.

"Okej", sa han, "försök med bushen. Försök med vad som helst som slår dig. Skriv inte som andra människor om du kan undvika det. Låt oss se vad du kan göra." (4)

Q: Bush Songs var populära på den tiden, men du förvandlade dem till Anthems.

A: Bush Songs bör höras till ackompanjemang av klirrande saxar när en fåraherdes röst höjs genom det oväsen som orsakas av brådskan och rörelsen i ett klipphus, fårens klättrande i sina fållor och plockarnas brådska; eller när boskapen på vägarna är rastlös på sitt läger på natten och mannen på vakt, som rider runt dem, slår upp "Bold Jack Donahue" för att lugna nerverna lite ... Den sanna bushmannen skyndar aldrig på sina sånger. De är uttryckligen utformade för att fördriva tiden under långa resor eller långsamma, tröttsamma ridturer efter får eller trötta boskap; så sångerna sjungs samvetsgrant igenom - kör och allt - och de tre sista orden i sången talas alltid, aldrig sjungs. (5)

Q: Skulle du vilja göra oss den äran att recitera en av dina ballader för oss? Vad sägs om en järnvägssång?

A: En förfrågan, vad sägs om det!

DET FLYGANDE GÄNGET

Jag tjänade min tid, i de dagar som gått,
I järnvägens krock och klang,
Och jag arbetade mig fram till slutet,
och jag var ledare för "Flygande gänget
Det var ett utvalt band som hölls till hands
i händelse av ett brådskande behov,
var det söder eller norr vi startade
och iväg med vår högsta hastighet.
Om ordet nådde staden att en bro var nere,
Den tvingande kallelsen ringde -
"Kom ut med pilotmotorn skarp,
och iväg med det flygande gänget."

Sedan ett genomträngande skrik och en rush av ånga
När loket rörde sig framåt,
Med en uppmätt takt av slummen och gatan
I den livliga staden vi flydde,
Genom de ljusa högländerna och de vita gårdarna,
Med rusningen av den västra stormen,
Och piloten gungade i takt med oss
När hon gungade på den ringande rälsen.
Och barnen på landet klappade sina händer
När motorns ekon ringde,
Men deras äldre sa, "Det finns arbete framöver
När de skickar efter det flygande gänget."
Sedan över miles av saltbuske slätten
som skimrade av morgondagg,
Där gräset vajade som det mognande kornet
flög pilotmotorn,
En eldig rusning i den öppna busken
Där betygsmarkeringarna tycktes flyga,
Och ordern sprang på ledningarna framåt,
Piloten måste gå förbi.
Guvernörens special måste stå åt sidan,
Och den snabba expressen hänga,
Låt dina order vara att linjen är fri
För pojkarna i det flygande gänget. (6)

Q: Jag hoppas kunna intervjua Rudyard Kipling någon gång snart och jag tror att han var en av dina kamrater. Har du några råd till mig?

A: Man förväntar sig att ett stort litterärt geni som Kipling på något sätt ska vara ett missfoster: alkohol, kvinnor, temperament, sysslolöshet, oregelbundna vanor - nästan alla stora författare i det förflutna hade en eller annan av dessa nackdelar, och vissa av dem har haft dem alla. Byrons liv bestod mest av lila fläckar, och Swinburne var inte hjälten i sången om den gode unge mannen som dog. Så när jag åkte för att bo hos Kipling i England var jag beredd på bokstavligen vad som helst.

Kipling hatade publicitet och i privatlivet var han bara en hårt arbetande, förnuftig och sansad man, utan några försonande laster som jag kunde upptäcka. Det var kanske synd, för det finns inget så intressant som skandaler om stora genier. (7)

Q: Jag tror att Mr Kipling besökte Australien; berättade han vad han tyckte om det?

A: Ja, han sa: "Jag måste köpa ett hus i Australien någon dag. Jag har ett hus i New York och i Kapstaden, men jag skulle vilja bo i Australien ett tag. Jag har varit där, men jag gick bara igenom det som djävulen gick igenom Athlone, i stående hopp. Man kan inte lära sig något om ett land på det sättet. Man måste bo där och då kan man få saker rätt. Ni i Australien har inte vuxit upp än. Ni tycker att "Melbourne Cup" är det viktigaste i världen." (8)

Q: Du lärde också känna en ung Winston Churchill?

A: En krigskorrespondent är i arméns ögon en ondska som måste tolereras. Eftersom jag var australiensare, steeplechase-ryttare och polospelare hade jag ett (möjligen fiktivt) rykte om mig att kunna bedöma hästar och blev ständigt ombedd att välja hästar åt officerarna i remonteringsdepåerna. På så sätt lärde jag känna kändisar som Lord Roberts, French, Haig, Churchill och Kipling, och jag uppnådde en status inom armén som jag aldrig skulle ha uppnått som korrespondent.

Churchill hade en så stark personlighet att armén redan på den tiden, när han var ganska ung, var beredd att slå vad om att han antingen skulle hamna i fängelse eller bli premiärminister. Han hade varit soldat, men han hade en kuslig förmåga att göra sig ovän med både sina överordnade och underordnade officerare. (9)

Q: Mr Paterson, många av dina karaktärer var så jordnära att dina läsare trodde att du skrev om människor som du kände. Fanns det verkligen en man från Snowy River?"

A: "The Man from Snowy River" ... skrevs för att beskriva hur jag rensade upp bland vildhästarna i mitt eget distrikt. För att göra ett bra jobb var jag tvungen att skapa en karaktär, att föreställa mig en man som skulle rida bättre än någon annan, och varifrån skulle han komma förutom från Snowy? Och vilken sorts häst skulle han rida, om inte en halvblodsponny från bergen? Jag kände mig säker på att det måste ha funnits en man från Snowy River, och jag hade rätt. De har dykt upp från alla bergsdistrikt - män som gjorde exakt samma resa och kunde ge dig kapitel och vers för varje mil de gick nedför och varje bäck de korsade. Det var ingen liten tillfredsställelse att det verkligen hade funnits en man från Snowy River - mer än en av dem ... (10)

Q: Min son Simon älskar många av de dikter som du har skrivit för barn. Hans favoriter är de om de flygande ekorrarna och näbbdjuret. Om jag ringer honom, skulle du kunna läsa för honom?

A: Det skulle vara mig ett nöje.

Jag ursäktade mig från balkongen och förklarade för min femårige son Simon att han skulle få träffa "The Banjo" Paterson. Simon var klädd i sin Spiderman-dräkt och fick vad som verkade vara ett fast handslag från Mr Paterson. "The Banjo" bjöd sedan in Simon att sitta på hans knä medan han läste upp sina dikter:

FLYGANDE EKORRAR

På den robusta vattendammen

På toppen av ridspåret

Där för många år sedan, som de gamla männen säger,

Klyvarna gick med en tjur-dray

Men aldrig en drave kom tillbaka

Vid tiden för gummiträdets blomning,

När doften i luften är stark,

Och blomman rör sig i kvällsbrisen,

kan du se ekorrarna bland träden,

som leker hela natten lång.

Aldrig ett bekymmer alls

Stör deras enkla hjärnor
Du kan se dem glida i månskenet svagt
Från träd till träd och från gren till gren,
Små grå flygplan
Var och en som en hasselmus sover
I ett gammalt gummiträds pipa,
En boll av päls med en silverfärgad päls
Var och en med en svans runt halsen
Av rädsla för att han ska bli förkyld.
Detta är vad han äter,
och bjuder sina vänner på middag:
Moths och skalbaggar och nyfödda skott,
Honung och snacks av de inhemska frukterna,
Och ett glas dagg som vin (11)
*Simon klappade i händerna medan "Banjo" bläddrade
i boken tills han hittade den han ville läsa:*

DEN GAMLE NÄBBDJURET
Långt från stadens problem och slit,
Där vassbäddarna sveper och darrar,
Titta på fragmentet av sammetsbrun -
Den gamle näbbdjuret driver neråt,
Driver längs floden.
Och han spelar och dyker i flodkrökarna
I en stil som är mycket svårfångad
Med få släktingar och ännu färre vänner,
För Old Man Platypus härstammar
Från en familj som är mycket svårfångad
Han delar sin håla under stranden
Med sin fru och sin son och dotter

Vid rötterna av vassen och gräset rank;
Och bubblorna visar var vår hjälte sjönk
Till dess ingång under vatten
Trygg i hålan under fallen
De lever i en värld av under,
Där ingen hälsar på och ingen ringer,
De sover som små bruna biljardbollar
Med näbbarna prydligt undanstoppade.

Mr Paterson kände på sig att det var dags för honom att gå. Han ville inte skrämma Simon, så han klappade honom försiktigt på huvudet och lämnade över honom till mig. Han gick nerför korridoren och utom synhåll för Simon. Sedan vände han sig om, log, tippade på hatten - och försvann. Jag drogs tillbaka till verkligheten när Simon ryckte i min skjorta. Han började bli otålig när det gällde att avsluta sin älskade dikt:

Och han pratar med ett djupt ovänligt morrande
När han går på sin resa ensam
För han är ingen släkting till fisk eller fågel,
Inte heller till fågel eller djur, inte heller till hornuggla;
I själva verket är han den ende och enda! (12)

Simon och jag fortsatte att läsa in på natten, tills han somnade i min famn. Jag tror inte att Simon inser betydelsen av att träffa "The Banjo" Paterson i sitt eget hem. Kanske kommer han att göra det en dag.

Kompis, läs de här... De är alla fantastiska!
Mannen från Snowy River och andra verser
Saltbush Bill J.P. och andra verser

Sångaren från busken

Pennans sång

Banjo Paterson - En skattkammare för barn

Banjo Paterson's Australiensare

Snowy River Riders

Three Elephant Power och andra berättelser

Old Schooldays

Mannen som var borta

Poeten från Pannikin

O'Sullivans rim

Vägen till Gundagai

Skogsbranden - en allegori

En dröm om Melbourne Cup

Clancy Överflöd

Hypnotisören.

Hoo-roo!

Cathy McGough

Din intervjuare av legendariska författare från bortom

THOREAU PÅ VANDRING

I dag kommer vi att dela en morgonpromenad med en man som hade en poets själ. Hans namn är Henry David Thoreau och han föddes den 12 juli 1817 i Concord, Massachusetts. När han dog, vid 45 års ålder, hade hans två publicerade böcker sålt uselt. För Henry David Thoreau gick verkligen "till ljudet av en annan trummis".

(Ursäkta mig ett ögonblick, medan jag kontrollerar Madame Delatours framsteg med att kontakta Mr Thoreau.)

Tydligen har Madame Delatour inte lyckats nå Mr Thoreau denna morgon, även om han gick med på att göra en intervju med oss idag. Hon föreslog att jag skulle börja promenera, och att hon skulle ta med honom så att han kunde komma ikapp mig strax.

Jag kände mig lite smått galen, gick med på idén och var mycket glad över att komma ut i morgonluften. Jag är egentligen ingen "morgonmänniska" - men när luften väl når mig brukar jag kunna hålla jämna steg med de bästa av dem.

Jag började gå längs stigen, förbi gummiträden när jag fick syn på en kookaburraunge som satt i sina armar. Jag stannade för att göra ljudet av en kookaburra, men den kände inte igen min förvrängda version av sitt skratt och gav mig lite uppmärksamhet. Ödlor sprang planlöst när jag rörde mig längs uppfarten och ut på gatan.

Jag stannade upp ett ögonblick för att fundera över vilken väg Mr Thoreau skulle uppskatta mest och bestämde mig för att gå en bit över bron och vänta på honom där.

Jag ställde mig på bron och tittade ner medan solen dansade på min krusiga spegelbild. Jag reciterade en av Thoreaus dikter högt:

FISKARENS POJKE

Mitt liv är som en promenad på stranden,

Så nära havets kant som jag kan gå

Med mina sena steg når vågorna ibland över mig,

Ibland stannar jag för att låta dem flöda över.

Min enda sysselsättning är, och noggrann omsorg,

Att placera mina vinster bortom tidvattnets räckvidd.

Varje mjukare sten, och varje skal mer sällsynt,

Som havet vänligt till min hand anförtror.

Det mellersta havet

Vid denna punkt avslutade Mr Thoreau den sista strofen

Det mellersta havet innehåller ingen karmosinröd dulse,

Dess djupare vågor kastar upp inga pärlor att se

Längs stranden är min hand på dess puls,

Och jag konverserar med många skeppsbrutna besättningar. (1)

Madame Delatour och jag applåderade kraftigt. Mr Thoreau tog av sig sin mössa och bugade. Jag sträckte ut min hand och välkomnade honom till Cooks River i Sydney, Australien, men han verkade inte lägga märke till mig. Madame Delatour hade hans fulla uppmärksamhet.

Mr Thoreau berömde madame för hennes charmiga utseende. Han lyfte hennes hand och höll den mot sitt hjärta samtidigt som han tittade djupt in i hennes ögon. Han tog hennes hand och kysste den passionerat och frågade om hennes hand var "utlovad" till någon.

Madame Delatour saknar sällan ord, men den här gången kunde hon inte tala. Hon var noga med att inte förolämpa mr Thoreau, som inte var hennes typ, mumlade något och tog farväl av oss. Jag har aldrig sett någon med 15 cm höga klackar gå så fort!

Mr Thoreau såg Blanchetta försvinna ur hans åsyn och gjorde sedan mig sällskap i en promenad över träbron. En fisk hoppade till och tycktes vifta med stjärten som en hälsning och Mr Thoreau stannade till för att vinka tillbaka.

Klockan var nästan 6 på morgonen och Mr Thoreau gav mig en komplimang. Han antog att eftersom jag var ute och gick under de tidiga morgontimmarna var detta min vanliga rutin.

Jag ville inte förstöra hans illusion - men kände ett behov av att erkänna, vilket jag gjorde, och detta var hans svar:

Morgonluft! Om du inte vill dricka av den vid dagens källa, ja, då måste vi till och med tappa upp lite och sälja i affärerna, till förmån för dem som har förlorat sin biljett till morgontid i denna värld!

Du måste lära dig att vakna upp igen och hålla dig vaken, inte med mekaniska hjälpmedel, utan genom en oändlig förväntan på gryningen, som inte överger dig i din djupaste sömn. Jag känner inte till något mer uppmuntrande faktum än människans obestridliga förmåga att förhöja sitt liv genom en medveten strävan. Det är något att kunna måla en viss tavla eller hugga ut en staty och på så sätt göra några föremål vackra, men det är mycket mer ärofullt att hugga ut och måla själva atmosfären och mediet genom vilket vi ser, vilket vi moraliskt kan göra. Att påverka dagens kvalitet, det är den högsta av konstarter. Varje människa har till uppgift att göra sitt liv, även i dess detaljer, värt att betrakta under sin mest upphöjda och kritiska timme. Om vi vägrade, eller snarare använde upp, den futtiga information vi får, skulle oraklen tydligt informera oss om hur detta kan göras. (2)

Jag förklarade teorin om att vara en "morgonmänniska" i motsats till att vara en "eftermiddags-" eller "kvällsmänniska" ... hur vissa människor inte är riktigt sällskapliga förrän vid en viss tid på dagen. Till detta utropade han:

Pshhha! Snart kommer du att berätta för mig att du känner dig bekväm med att gå längs oländiga stigar - i helt olämpliga skor för uppgiften!

Jag tittade ner på mitt par svarta, ankelhöga stövlar med en söt liten 2-tums spikklack och kunde inte låta bli att skratta.

Q: Eftersom vi redan har kommit in på ämnet, vad är din åsikt om mode?

A: Huvudapan i Paris sätter på sig en resenärsmössa och alla apor i Amerika gör likadant. Huvudsyftet är inte att mänskligheten ska vara väl och ärligt klädd, utan utan tvekan att företagen ska bli berikade. (3)

Q: Saker och ting har inte förändrats mycket ens idag, herr Thoreau. Världen skriker fortfarande efter det senaste modet, varav en del skulle chockera dig! Hur känner du inför förändring?

A: All förändring är ett mirakel att tänka på, men det är ett mirakel som sker varje ögonblick. Konfucius sa: "Att veta att vi vet vad vi vet och att vi inte vet vad vi inte vet, det är sann kunskap." När en människa har reducerat ett fantasifullt faktum till ett faktum för hans förståelse, förutser jag att alla människor så småningom kommer att inrätta sina liv på den grunden. (4)

Q: Skulle du kunna läsa en dikt för oss?

A: Jag tillägnar dig den här, Cathy:

VÄNSKAP

Jag tänker en stund på kärleken, och medan jag tänker,

Kärlek är för mig en värld,

Enda köttet och sötaste drycken,

Och nära förbindelselänk

Mellan himmel och jord.

Jag vet bara att det är, inte hur eller varför,

Min största lycka;

Hur hårt jag än försöker,

Inte om jag skulle dö,

Kan jag förklara.

Jag skulle gärna fråga min vän hur det kan vara,

Men när tiden kommer,

Då är kärleken mer underbar

än något annat för mig,

Och så är jag stum.

För om sanningen var känd, Kärleken kan inte tala,

utan bara tänker och gör;

Fastän säkert ut 'twill läcka

Utan hjälp av grekiska,

Eller något annat språk.

En man kan älska sanningen och praktisera den,

Skönhet kan han beundra,

Och godhet inte utelämna,

Så mycket som kan passa

Att vörda.

Men bara när dessa tre tillsammans möts,
Som de alltid lutar,
Och gör en själ sätet,
Och favorit reträtt,
Av älskvärdhet;
När under likartad form, som kärlek och hat
Och en besläktad natur,
Förklarar oss att vara kompisar,
Utsatta för lika öden
För evigt;
Och var och en kan andra hjälp, och tjänst gör,
Dra kärlekens band mer tätt,
Tjänsten ska han aldrig ångra
Medan en och en gör två,
Och två är ett;
I sådant fall endast doth människan fullt bevisa
Fullständigt som människan kan göra,
Vilken kraft det finns i kärleken
Hans innersta själ att röra sig
Motståndslöst.
Två robusta ekar jag menar, som sida vid sida,
Motstå vinterns storm,
Och trots vind och tidvatten,
Växer upp ängens stolthet,
För båda är starka.
Ovan rör de knappt vid varandra, men undermineras
Ner till deras djupaste källa,
Beundrande ska du finna

Deras rötter är sammanflätade

Insep'rably. (5)

Q: Jag tyckte mycket om att läsa din bok "WALDEN". Jag kunde inte låta bli att avundas din unika situation och ditt mod. Vad var det viktigaste du lärde dig?

För er som inte vet det så tog sig Thoreau till Walden Pond där han byggde sig en stuga som han levde av 1845-47.

A: Jag lärde mig att om man med tillförsikt går i riktning mot sina drömmar och försöker leva det liv man har föreställt sig, så kommer man att få uppleva en framgång som man inte förväntar sig i vanliga fall. Han kommer att lägga vissa saker bakom sig, passera en osynlig gräns; nya, universella och mer liberala lagar kommer att börja etablera sig runt och inom honom; eller så kommer de gamla lagarna att utvidgas och tolkas till hans fördel i en mer liberal mening, och han kommer att leva med licens från en högre ordning av varelser. I samma mån som han förenklar sitt liv kommer universums lagar att framstå som mindre komplicerade, och ensamhet kommer inte att vara ensamhet, inte heller fattigdom, fattigdom, eller svaghet, svaghet. Om du har byggt luftslott behöver ditt arbete inte gå förlorat; det är där de ska vara. Nu gäller det att lägga grunden under dem. (6)

Q: Du byggde ditt eget loft i "Walden", rekommenderar du andra att ta sig an en sådan uppgift?

A: Det finns lite av samma lämplighet i att en människa bygger sitt eget hus som det finns i att en fågel bygger sitt eget bo. Vem vet, om inte människorna byggde sina bostäder med sina egna händer och skaffade mat åt sig själva och sina familjer på ett enkelt och ärligt sätt, skulle den poetiska förmågan utvecklas överallt, precis som fåglarna sjunger när de är sysselsatta med detta? Men ack och ve! Vi gör som kofåglar och gökar, som lägger sina ägg i bon som andra fåglar har byggt och som inte uppmuntrar någon resenär med sina tjattrande och omusikaliska toner. (7)

Q: En del är byggare, andra är drömmare - du tror väl inte att alla människor har förmågan att göra det du gjorde?

A: Varje barn börjar om världen, i någon mån, och älskar att vara utomhus, även när det är blött och kallt. Det leker hus, såväl som häst, och har en instinkt för det. Vem minns inte det intresse med vilket man som ung tittade på klipphyllor eller på hur man närmade sig en grotta? Det var den naturliga längtan hos den del av vår mest primitiva förfader, som fortfarande överlevde från oss. Från grottan har vi avancerat till tak av palmer, av bark och grenar, av vävt och spänt linne, av gräs och halm, av brädor och takspån, av stenar och kakelplattor. Till sist vet vi inte hur det är att leva under bar himmel, och våra liv är inhemska i fler avseenden än vi tror. Från hjärtat till fältet är ett stort avstånd. Det vore kanske bra om vi kunde tillbringa fler av våra dagar och nätter utan något hinder mellan oss och himlakropparna, om poeten inte talade så mycket under ett tak eller helgonet inte bodde där så länge. Fåglar sjunger inte i grottor och duvor bevarar inte sin oskuld i duvhyddor. (8)

Q: Min son börjar sin utbildning i år, och redan nu oroar jag och min man oss för hans framtid. Har du något råd till oss?

A: Om jag till exempel ville att en pojke skulle veta något om konst och vetenskap, skulle jag inte följa den vanliga vägen, som bara är att skicka honom till någon professors grannskap, där allt utom livskonsten lärs ut och praktiseras; - att undersöka världen genom ett teleskop eller ett mikroskop, och aldrig med sitt naturliga öga; att studera kemi utan att få veta hur brödet blir till, eller mekanik utan att få veta hur man tjänar pengar på det, att upptäcka nya satelliter till Neptunus utan att få veta vad som händer i hans ögon eller vilken vagabond han själv är satellit till, eller att slukas av de monster som svärmar runt omkring honom medan han betraktar monstren i en droppe vinäger.

Vem skulle ha gjort störst framsteg vid månadens slut - pojken som hade gjort sin egen fällkniv av den malm som han hade grävt och smält och läst så mycket som behövdes för detta - eller pojken som under tiden hade gått på föreläsningarna om metallurgi på institutet och fått en Rogers pennkniv av sin far? Vilken av dem skulle mest sannolikt skära sig i fingrarna? (9)

Q: Tack för ditt råd. Det råder ingen tvekan om vilken pojke jag helst vill att min son ska vara. Herr Thoreau, du tillbringade en tid i fängelse. Kan du beskriva vad som hände och varför du var där?

A: Jag betalade ingen poll tax på sex år. Jag sattes i fängelse en gång på grund av detta, för en natt, och medan jag stod och betraktade väggarna av massiv sten, två eller tre fot tjocka, dörren av trä och järn, en fot tjock, och järngallret som hindrade ljuset, kunde jag inte låta bli att slås av dårskapen i denna institution som behandlade mig som om jag bara var kött, blod och ben som skulle låsas in. Jag förundrade mig över att den till slut hade kommit fram till att detta var det bästa den kunde göra med mig och aldrig hade tänkt på att utnyttja mina tjänster på något sätt.

Jag insåg att om det fanns en stenmur mellan mig och mina stadsbor, så fanns det en ännu svårare mur att klättra över eller bryta igenom innan de kunde bli lika fria som jag. Jag kände mig inte för ett ögonblick instängd, och murarna verkade vara ett stort slöseri med sten och murbruk. Det kändes som om jag ensam av alla mina stadsbor hade betalat min skatt. De visste uppenbarligen inte hur de skulle behandla mig utan uppförde sig som personer som är underuppfostrade. I varje hot och i varje komplimang fanns ett misstag, ty de trodde att min högsta önskan var att stå på andra sidan den där stenmuren. Jag kunde inte annat än le när jag såg hur flitigt de låste dörren för mina medlingar, som följde dem ut igen utan att låta sig hindras eller hindras, och de var verkligen allt som var farligt. Eftersom de inte kunde nå mig, hade de bestämt sig för att straffa min kropp. Jag såg att staten var halvdum, och jag förlorade all min sista respekt för den och tyckte synd om den. (10)

Q: Om du aldrig kände dig instängd, som de hade tänkt att du skulle känna dig, tror du att du upptäckte några saker om dig själv, som du annars kanske aldrig hade vetat?

A: Det var som att resa till ett fjärran land som jag aldrig hade förväntat mig att få se, för att ligga där en natt. Det föreföll mig som om jag aldrig tidigare hade hört stadsklockan slå eller kvällsljuden från byn, för vi sov med öppna fönster, som var innanför gallret. Det var att se min hemby i medeltidens ljus, och vår Concord förvandlades till en Rhenström, och visioner av riddare och slott passerade framför mig. Det var de gamla borgarnas röster som jag hörde på gatorna. Jag var en ofrivillig åskådare och åhörare av vad som gjordes och sades i köket i den intilliggande byns gästgiveri - en helt ny och sällsynt upplevelse för mig. Det var en närmare bild av min hemstad. Jag var helt inne i den. Jag hade aldrig sett dess institutioner förut. Detta var en av dess märkliga institutioner, för det var en grevskapsstad. Jag började förstå vad dess invånare sysslade med. (11)

Q: Blev du glad över att bli frisläppt?

A: När jag kom ut ur fängelset - för någon lade sig i och betalade skatten - märkte jag inte att stora förändringar hade ägt rum på allmänningen, så som den såg som gick in som ung och kom ut som en vinglig och gråhårig man; och ändå hade en förändring i mina ögon skett över scenen - staden, och staten och landet - större än någon som enbart tiden kunde åstadkomma. Jag såg ännu tydligare den stat där jag bodde. Jag såg i vilken utsträckning man kunde lita på de människor jag levde bland som goda grannar och vänner; att deras vänskap endast gällde sommarväder; att de inte hade några större planer på att göra rätt; att de var en ras som skilde sig från mig genom sina fördomar och vidskepelser. Att de i sina offer för mänskligheten inte löpte några risker, inte ens för sin egendom; att de trots allt inte var så ädla utan behandlade tjuven som han hade behandlat dem, och hoppades att genom en viss yttre observans och några böner och genom att då och då gå på en viss rak men värdelös stig rädda sina själar. Detta kan vara att döma mina grannar hårt; för jag tror att många av dem inte var medvetna om att de hade en sådan institution som ett fängelse i sin by. (12)

Q: Blev du annorlunda behandlad när du kom tillbaka till samhället?

A: För r var det brukligt i vår by, när en fattig gäldenär kom ut ur fängelset, att hans bekanta hälsade på honom och tittade genom sina fingrar, som var korsade för att föreställa gallret i ett fängelsefönster: "Hur står det till?"

Mina grannar hälsade inte på mig på detta sätt, utan tittade först på mig och sedan på varandra, som om jag hade kommit tillbaka från en lång resa. Jag sattes i fängelse när jag var på väg till skomakaren för att hämta en sko, som lagades. När jag släpptes ut nästa morgon fortsatte jag att avsluta mitt ärende, och efter att ha satt på mig min lagade sko anslöt jag mig till ett huckleberry-gäng, som var otåliga att sätta sig under min ledning; och på en halvtimme - för hästen var snart tacklad - var jag mitt i ett huckleberryfält, på en av våra högsta kullar, två miles bort, och då var staten ingenstans att se. Sådan var historien om "Mina fängelser". (13)

Q: Vad är enligt din uppfattning skrivandets kraft?

A: Det skrivna ordet är den mest utvalda av reliker. Det är något som på samma gång är mer intimt med oss och mer universellt än något annat konstverk. Det är det konstverk som ligger närmast livet självt. Det kan översättas till alla språk och inte bara läsas utan faktiskt andas från alla människoläppar; - inte bara avbildas på duk eller i marmor utan huggas ut ur själva livets andedräkt. (14)

Q: Har du något råd att ge till läsare av 2003 och framåt?

A: Enkelhet, enkelhet, enkelhet! Jag säger, låt era affärer vara som två eller tre, och inte som hundra eller tusen; i stället för en miljon räkna ett halvt dussin, och håll era räkenskaper på en tumnagel. Förenkla, förenkla. I stället för tre måltider om dagen, om det är nödvändigt, ät bara en; i stället för hundra rätter, fem; och minska andra saker i proportion. Hur eländigt ditt liv än är, möt det och lev det; undvik det inte och kalla det för hårda namn. Det är inte så illa som du är. Det ser fattigast ut när du är som rikast. Den som söker fel kommer att finna fel även i paradiset. Älska ditt liv, hur fattigt det än är. Du kan kanske ha några trevliga, spännande, härliga timmar, även i ett fattighus. Den nedgående solen reflekteras från fönstren i fattighuset lika starkt som från den rike mannens bostad; snön smälter framför dess dörr lika tidigt på våren. Jag kan inte se annat än att ett lugnt sinne kan leva lika förnöjsamt där och ha lika uppmuntrande tankar som i ett palats. (15)

Q: Jag vet inte hur mycket tid som är kvar, men jag skulle vilja höra dig recitera en dikt eller två till?

A: Dessa två går hand i hand:

RÖK

Rök med ljusa vingar, icariska fågel,

Smälter dina pinioner i din uppåtgående flygning;

Lärka utan sång och gryningens budbärare,

Cirkulerar över byarna som ditt bo;

Eller också, drömmen som försvinner, och skuggformen

Av midnattsvision, samlar upp dina kjolar;

Nattens stjärna fördunklar och dagen

Fördunkla ljuset och utplåna solen;

Gå du, min rökelse, uppåt från denna härd,
Och be gudarna att förlåta denna klara låga.
MIST
Lågt hängande moln,
Newfoundlands luft,
Fontänhuvud och källa till floder,
Daggduk, drömdraperi,
Och servett spridd av fays;
Flytande äng av luften,
Där blommar prästkragar och violer,
Och i vars fenny labyrint
Bittern booms och häger wades;
Ande av sjöar och hav och floder,
Bär bara parfymer och doften
Av läkande örter till rättfärdiga mäns fält. (16)

Q: Herr Thoreau, tack för att du upplyser min ande med dina ord. Du är en sann poetens poet. Du börjar blekna, och din tid är verkligen på väg att rinna ut.

A: Tiden är bara strömmen jag går och fiskar i. Jag dricker av den, men medan jag dricker ser jag den sandiga botten och upptäcker hur grund den är. Dess tunna ström glider undan, men evigheten finns kvar. Jag skulle vilja dricka djupare; fiska i himlen vars botten är stenig med stjärnor. Jag kan inte räkna en enda. (17)

Henry David Thoreau försvann ännu en gång. Jag förväntar mig att han är mer uppskattad i himlen än han någonsin var här på jorden. Medan mina tankar fortsatte i den riktningen, viskade plötsligt Henry David Thoreau genom träden som en vindsång:

Om människan inte håller jämna steg med sina kamrater, kanske det beror på att hon hör en annan trumslagare. Låt honom gå i takt med den musik han hör, oavsett om den är måttlig eller långt borta. Det är inte viktigt att han mognar lika snabbt som ett äppelträd eller en ek. Skall han förvandla sin vår till sommar?

Om det tillstånd som vi är skapade för ännu inte har inträtt, vad är det då för verklighet som vi kan ersätta? Vi vill inte bli skeppsbrutna på en fåfäng verklighet. Skall vi med möda resa en himmel av blått glas över oss själva, fastän vi, när det är gjort, skall vara säkra på att fortfarande se på den sanna eteriska himlen långt ovanför, som om den förra inte fanns? (18)

Jag föreslår att du läser "Walden" först - och sedan fördjupar dig i resten!

Walden

Om plikten till civil olydnad del 1 & 2

Inspiration

Att gå

Livet utan principer

Spridningen av frön

Maine Woods

Jag kände en man genom synen

Be till vilken jord?

Epitafium över världen

En vecka på Concord och Merrimack Rivers

En yankee i Kanada
Sympati
Fri kärlek
Till en vilsen fågel
Sommarregnet
Den svarte riddaren
Vänskap.
Så länge till!
Cathy McGough
Din intervjuare av legendariska författare från bortom

LORD BYRON GÖR ENTRÉ

D et var i juli 2001 som Madame Delatour tog med Lord Byron för att träffa mig. (Eller rättare sagt, han tog oss till honom.) Lord Byron var den enda författaren som begärde att intervjun skulle hållas på en specifik plats som han själv valde.

Vår destination var Croft-on-Tees i North Yorkshire. Byron bad oss att möta honom i The Rectory (som jag upptäckte numera kallas Old Rectory.) Han sa att han skulle dyka upp bakom en Milbanke-bänk med gardiner. (1)

När vi anlände till Gatwick Airport i London använde vi oss av faciliteterna, tog lite snacks och drycker och gick sedan vidare till "Alamo Auto Rentals".

Madame Delatour var helt upprörd över att köra på andra sidan vägen - så jag tog ratten och vi var på väg. Det var en mycket smidig körning, när vi kom närmare och närmare Yorkshire kunde vi inte låta bli att lägga märke till det starka landskapet runt omkring oss.

Vi körde fram till Old Rectory klockan 11 och gick genast in. Madame Delatour satte igång med att kalla Lord Byron till oss. Han hade gett henne specifika instruktioner om att inte gå in i det avskärmade området, eftersom han ville göra en "entré".

George Gordon Byron föddes den 22 januari 1788. Han levde ett liv fyllt av kontroverser och ibland kaos. Han föddes i England, men flyttade utomlands för att leva och fly undan skandaler och ryktesspridning.

Lord Byron dog den 19 april 1824, och på hans begäran fördes hans kropp tillbaka till England. Han nekades begravning i The Poet's Corner i Westminster Abbey och begravdes istället i familjens gravvalv i Hucknall Torkard i Nottinghamshire. Flera år efter Byrons död tillsattes en kommitté för att resa ett minnesmärke över Byron, vilket erbjöds Westminster Abbey. Även detta avslogs. (2)

Jag ska läsa en av Lord Byrons dikter medan vi väntar:

NÄR VI TVÅ SKILDES ÅT
När vi två skildes åt
I tystnad och tårar,
med halvt brustet hjärta,
För att skiljas åt i åratal,
Blek blev din kind och kall,
Kallare din kyss;
Sannerligen den timmen förebådade
Sorg till detta.
Morgonens dagg

Sänkte kyla på min panna -
Det kändes som en varning
Av vad jag känner nu.
Dina löften är alla brutna,
Och ljus är din berömmelse:
Jag hör ditt namn talas,
Och dela i dess skam.
De nämner dig inför mig,
En klocka till mitt öra;
En rysning kommer över mig -
Varför var du så kär?
De vet inte att jag kände dig,
Som kände dig alltför väl.
Länge, länge skall jag ångra dig
För djupt för att berätta.
I hemlighet möttes vi -
I tystnad sörjer jag
Att ditt hjärta kunde glömma,
Din ande bedrar.
Om jag skulle träffa dig
Efter långa år,
Hur skulle jag hälsa dig? -
Med tystnad och tårar. (3)

Madame Delatour och jag var utom oss av tårar, när Lord Byron steg fram bakom filmduken och svepte undan den karmosinröda ridån som om han väntade sig en tjurrusning från andra sidan. Han bar en kungligt blå sammetskostym, med volanger på manschetterna och på kragen på en vit skjorta. Han hade ett slående utseende och rörde sig mot oss, tog först Madame Delatours hand i sin och kysste den lätt, och gjorde sedan detsamma med min. Han gick runt i prästgården och tog in den, nästan som om han letade efter någon eller något.

Madame Delatour smet (något motvilligt) ut genom bakdörren och lämnade mig och Lord Byron sittande ensamma i den främre bänken. Det hårda träet knarrade när jag satte mig ner och Lord Byron slängde sig ner på bänken som om det vore en soffa i hans eget hem och tittade upp på mig med huvudet vilande på sina kupade händer.

Q: Får jag fråga varför ni valde att bli intervjuad här?

A/Q: Har du undersökt det här mötet? Berätta varför du tror att jag bad dig komma hit, min dam?

Q: Jag kan bara gissa. Är det för att ni var gift med Lady Ann Isabella här 1815?

A: Ah ja. Det är beklagligt. Jag såg aldrig någon som blev särskilt mycket bättre av äktenskapet. Alla mina samtida par var flintskalliga och missnöjda. Wordsworth och Southey förlorade både sitt hår och sitt goda humör, och den siste av de två hade en hel del att förlora. (4)

Q: Jag skulle vilja veta mer om din barndom. Berätta för mig om den.

A: Jag föddes, som sjuksköterskorna brukade säga, med en silversked i munnen, den har fastnat i halsen och förstört min gom, så att ingenting som stoppas i den sväljs med någon större behållning - om det inte är cayennepeppar. (5) Nästa fråga.

Q: Du var bara 20 år gammal när dina dikter för första gången inkluderades i en samling kallad "Juvenilia" 1808. Hur kändes det att se dina verk i tryck?

A: Jag minns fortfarande vad som stod i "The Edinburgh Review":

"Poesin hos denne unge herre tillhör den klass som varken gudar eller människor sägs tillåta. Vi minns faktiskt inte att vi har sett en mängd verser med så få avvikelser från den exakta standarden. Hans utgjutelser är spridda över en död platta och kan inte mer komma över eller under nivån, än om de vore så mycket stillastående vatten." (6)

Jag minns effekten på mig - det var raseri och motstånd och upprättelse - men inte nedstämdhet eller förtvivlan. Jag medger att det inte är några älskvärda känslor, men i denna värld av liv och rörelse, och särskilt i författaryrket, bör man beräkna sin motståndskraft innan man ger sig in på arenan. (7)

Q: Är det sant att du aldrig redigerade dina verk?

A: När jag skrev, skrev jag snabbt och sällan med möda ... När jag först tog pennan i hand, var jag tvungen att säga det som var viktigast eller kasta bort det. Jag har alltid skrivit så fort jag kunnat sätta pennan på papperet och aldrig reviderat annat än i korrekturet...Jag kan aldrig omarbeta något. Jag är som tigern; om jag missar den första våren går jag mumlande tillbaka till min djungel. (8)

Johnson visade oss att ingen poesi är perfekt, men att korrigera mitt arbete skulle ha varit ett herkuliskt arbete. I själva verket såg jag aldrig längre än till kompositionsögonblicket, och jag publicerade bara på mina vänners begäran. (9)

Q: Häromdagen upptäckte jag ett sällsynt exemplar av "Juvenilia" på nätet. Kan du gissa priset? Det var 2500 pund!

Q: Vad är on-line?

Jag tog fram min bärbara dator ur min portfölj, startade den och visade den för honom. Han tittade förvånat på när jag skrev in orden till en av hans dikter.

A: Det är en kommunikationsapparat och författare som jag skriver ner allt här. Du behöver inte penna eller papper. Allt finns lagrat i datorns minnesbank.

A: Det ser ut som djävulskap tycker jag!

Lord Byron reste sig upp och gick fram till altaret. Han väntade bakom predikstolen. Jag insåg snart att han ville att jag skulle lägga bort "djävulskapen" och ge honom min fulla uppmärksamhet.

PÅ DENNA DAG FULLBORDAR JAG MITT TRETTIOSJÄTTE ÅR

"Det är dags att hjärtat ska vara orört,

Sedan andra det har upphört att röra sig:

Men även om jag inte kan bli älskad,

Låt mig ändå älska!

Mina dagar är i det gula bladet;

Kärlekens blommor och frukter är borta;
Masken, kräftan och sorgen
Är mina ensamma!
Elden som på min barm prejar
Är ensam som någon vulkanisk ö;
Ingen fackla tänds vid dess flamma -
En begravningshög.
Hoppet, rädslan, den svartsjuka omsorgen,
Den upphöjda delen av smärtan
Och kärlekens kraft, kan jag inte dela,
Men bär kedjan.
Men det är inte så, och det är inte här...
Sådana tankar bör skaka min själ inte heller nu,
Där ära täcker hjältens bår,
eller binder hans panna.
Svärdet, fanan och fältet,
Ära och Grekland, runt mig se!
Spartanen, buren på sin sköld,
Var inte mer fri.
Vakna! (inte Grekland - hon är vaken!)
Vakna, min ande! Tänk genom vem
Din livsblod spårar sin förälders sjö,
Och slå sedan hem!
Trampa ner de återupplivande passionerna,
Ovärdiga manlighet! - Till dig
Likgiltig bör leende eller rynka pannan
Av skönhet vara.
Om du ångrar din ungdom, varför leva?
Den ärofulla dödens land

Är här: -upp till fältet, och ge
Bort din andedräkt!
Sök ut - mindre ofta sökt än hittat -
En soldatgrav, för dig den bästa;
Se dig sedan omkring, och välj din mark,
Och ta din vila. (10)

Q: Du har en vacker röst Lord Byron. Har du någonsin försökt sjunga?

A: När jag var i Aston, vid mitt första besök, hade jag för vana, när jag fördrev tiden en hel del ensam, att - jag vill inte kalla det att sjunga, för det försöker jag aldrig utom för mig själv - men att till vad jag tycker är melodier, yttra dina "Oh andas inte", "När den sista glimten" och "När han som avgudar dig", med andra av samma trubadur; - de är mina matiner och vesper. Jag ville absolut inte att någon skulle höra dem, men en morgon kom inte La Donna, utan Il Marito, in med ett mycket allvarligt ansikte och sade: "Byron, jag måste be dig att inte sjunga mer, åtminstone inte de där sångerna." Jag stirrade och sa: "Javisst, men varför?" - "Sanningen att säga", sade han, "får de min hustru att gråta, och de är så melankoliska att jag önskar att hon inte skall få höra dem mer." (11)

Q: Är det sant att "Zuleika" nästan inte hann publiceras?

A: En vän rådde mig en gång (utan att ha sett den, förresten) att inte ge ut "Zuleika"; jag trodde att han hade rätt, men erfarenheten kan ha lärt honom att det är fysiskt omöjligt att inte trycka. Det är en fruktansvärd sak att göra alltför ofta; --bättre tryck och de som gillar kan läsa, och om de inte gillar, har du tillfredsställelsen att veta att de åtminstone har köpt rätten att säga det. (12)

Q: Vad är din åsikt om William Shakespeare?

A: Shakespeares namn, det kan du lita på, står absurt nog för högt och kommer att sjunka. Han hade ingen uppfinningsrikedom när det gällde historier, ingen alls. Han hämtade alla sina intriger från gamla romaner och gav deras berättelser en dramatisk form, med lika lite tankearbete som du och jag skulle kunna göra om hans pjäser till prosaberättelser igen. Att han kastade över vad han än skrev några glimtar av genialitet kan ingen förneka, men detta var allt.

Antag att någon för första gången skulle få den dramatiska uppgiften att hantera sådana färdiga historier som Lear, Macbeth etc., och han skulle verkligen vara en sorglig karl om han inte gjorde något mycket storslaget av dem.

När det gäller hans historiska pjäser, riktigt historiska, menar jag att de bara var omarbetningar av tidigare pjäser om samma ämnen, och i tjugo fall av tjugoen är det finaste, det allra finaste, nästan ordagrant hämtat ur de gamla affärerna. Du tror säkert att en häst, en häst, mitt kungarike för en häst! är Shakespeares. Inte en stavelse av det.

Ni hittar allt hos den gamle namnlöse dramatikern. Kan man inte förbättra Tom Jones utan att vara ett större geni än Fielding? Jag för min del tror att

Shakespeares pjäser kan förbättras, och publiken verkar, och har verkat tycka det också, för inte en enda av hans pjäser spelas eller har någonsin spelats så som han skrev den; och det som publiken applåderade för trehundra år sedan är fem gånger av tio inte Shakespeares utan Cibbers. (13)

Q: Hade du någon speciell teknik för att få din musa att komma till dig?

A: En vän och jag drack tillsammans från sex till midnatt, en flaska champagne och sex flaskor bordeaux och sedan..:

Jag skriver detta på skakningar,

Efter att ha druckit mig mycket full idag

Så att jag tycks stå i taket. (14)

Lord Byron skrattade när han tog en av bägarna från altaret och låtsades att han drack hungrigt.

Q: Din satir "Childe Harold" tog världen med storm. Tom Moore, din biograf, skrev: "Effekten var elektrisk." Blev du upprymd när du fick höra nyheten?

A: Jag vaknade en morgon och fann mig själv berömd! (15)

CHILDE HAROLD

Strofer #75 & #76

Är inte bergen, vågorna och himlen en del

Av mig och av min själ, liksom jag av dem?

Är inte kärleken till dessa djupt i mitt hjärta

Med en ren passion? Borde jag inte fördöma

Alla objekt, om de jämförs med dessa? Och stävja

En tidvatten av lidande, snarare än att avstå

Sådana känslor för den hårda och världsliga slem
Av dem vars ögon är bara vänd nedan,
som stirrar på marken, med tankar som inte vågar
glöda?
Men detta är inte mitt tema; och jag återvänder
Till det som är omedelbart, och kräver
De som finner kontemplation i urnan,
Att se på en, vars stoft en gång var all eld,
En inföding i landet där jag andas
Den klara luften för ett tag - en förbipasserande
gäst,
Där han blev en varelse, - vars önskan
Var att vara ärofull; 'twas a foolish quest,
Det som att vinna och behålla, han offrade resten.
(16)

När han var klar sträckte jag mig ner i min väska och tog en snabb klunk av min flaska Evian. Jag bjöd honom på en drink och han undersökte plastflaskan med viss nyfikenhet. Jag förklarade om världens förkärlek för att köpa vatten på flaska. När han tryckte tillbaka den mot mig mumlade han något om människans dumhet i framtiden...

Q: Finns det någon sanning i berättelsen om att du trodde att John Keats dog på grund av en dålig recension i "The Quarterly"?

A: Shelley skrev en elegi över Keats och anklagade "The Quarterly" för att ha dödat honom:
Vem dödade John Keats?
Jag, säger "The Quarterly",

Så vild och tartarisk;

'Det var en av mina bedrifter.

Vem sköt pilen?

Poetprästen Milman

(Så redo att döda människan),

Eller Southey eller Barrow.

Du vet mycket väl att jag inte gillade Keats poesi, eller principer för poesi. Hans "Hyperion" är ett fint monument och kommer att behålla hans namn. Jag avundas inte mannen som skrev artikeln: "The Quarterly's" recensenter har inte mer rätt att döda än andra fotgängare. Men den som skulle dö av en artikel i en recension skulle förmodligen ha dött av något annat lika trivialt. (17)

Q: Kan du berätta om din vänskap med Percy Bysshe Shelley?

A: Han var den mest sällskapliga person under trettio som jag någonsin känt. (18) Han var, såvitt jag vet, den minst själviska och den mildaste av män - en man som hade offrat mer av sin förmögenhet och sina känslor för andra än någon annan jag någonsin hört talas om. (19)

Q: Det finns två legender om Shelley som man fortfarande tror på. Den ena handlar om hans hjärta, den andra om vad han hade i fickan när han drunknade. Kan du bekräfta eller dementera?

A: Vi brände Shelleys och Williams kroppar på stranden för att göra dem lämpliga för flyttning och regelrätt begravning. Du kan inte ana vilken extraordinär effekt en sådan begravningshög hade, på en ödslig strand, med bergen i bakgrunden och havet framför, och det märkliga utseende som saltet och rökelse gav lågan. Hela Shelley brann upp, utom hans hjärta, som inte tålde lågan, och som vi bevarade i vinsprit. Å andra sidan var det inte en bibel som hittades i Shelleys ficka, utan John Keats dikter. (20)

Q: Tack så mycket. Jag uppskattar din uppriktighet. Var det du som valde att skriva eller var det skrivandet som valde dig?

A: Vem skulle skriva om han inte hade något bättre för sig? Jag tycker att den stora uppståndelsen kring klotter och skrivare, av dem själva och andra, är ett tecken på femininitet, degenerering och svaghet. (21)

Jag skrev "Bron över Abydos" på fyra dagar. Jag skrev "Corsair" på tio dagar. Jag skrev "Lara" medan jag klädde av mig efter baler och maskerader. Jag rankar inte på något sätt poesi eller poeter högt i fantasins skala. Poesin är fantasins lava, vars utbrott förhindrar en jordbävning. Om jag hade levt tio år längre, skulle ni ha sett att allt inte var över för mig, - jag menar inte inom litteraturen, för det är ingenting, och, det kan tyckas märkligt nog att säga, jag tror inte att det var min kallelse. Men du skulle ha sett att jag gjorde ett eller annat! Ack, jag var en poet av hobby och en pirat av yrke! (22)

Men om jag fick göra om det - så skulle jag nog skriva igen, antar jag. Sådan är den mänskliga naturen, åtminstone min del av den - även om jag kommer att tycka bättre om mig själv, om jag hade haft vett att sluta nu. (23)

Q: Minns du en plats på kyrkogården på Harrow Hill där det finns en gravsten som sägs ha varit din favoritplats när du mediterade och komponerade?

Han nickade för att känna igen platsen.

Den behövde skyddas av en järnbur från dina glödande beundrare, som förstörde den och bar iväg bitar till minne av dig.

A: En del av den tid jag tillbringade där - var den lyckligaste i mitt liv. (24)

Q: Har du något råd till framtida författare?

A: Skratta alltid när du kan. Det är en billig medicin. Jag erbjuder också ord att leva efter från "Don Juan":

För ord är ting; och en liten droppe bläck

Faller som dagg på en tanke och ger upphov till

Det som får tusentals, kanske miljoner, att tänka. (25)

Q: Tror du att frånvaro gör att hjärtat växer sig starkare?

A: Jag funderade över separationens elände, att - åh, så sällan vi ser dem vi älskar! Ändå lever vi evigheter i ögonblick, när vi möts. Det enda som tröstade mig under frånvaron var tanken på att inget mentalt eller personligt främlingskap, från tristess eller oenighet, kunde äga rum; och när människor möttes i framtiden, även om många förändringar kan ha ägt rum under tiden, var de ändå, om de inte var trötta på varandra, redo att återförenas och anklagade inte varandra för de omständigheter som skilde dem åt. (26)

Q: Du förde dagbok under många år. Är det något du skulle rekommendera andra författare?

A: Jag var tvungen att skriva dagbok, det var det som hindrade mig från att skriva dikter, åtminstone från att hålla mig till dem. Jag kastade ofta dikter i elden (som till min stora glädje tändes på nytt), och sedan rökte jag ut planen på en annan ur mitt huvud. (27)

Q: Är livet för kort?

A: När man från livet drar bort barndomen (som är växtlighet), --sömn, ätande och sväljande-knäppande och uppknäppande-hur mycket återstår av ren och skär existens? En hasselmus sommar. (28)

Q: Vilken var din minst älskade form att skriva i?

A: En gång skrev jag två sonetter. Jag har aldrig skrivit mer än en sonett förut, och det var inte på allvar, utan för många år sedan, som en övning - och jag bestämde mig då för att aldrig skriva en till. De var de mest pulserande, förstenande, dumt platonska kompositioner. Jag avskydde Petrarca så mycket att jag inte skulle vara den man som ens hade fått hans "Laura", vilket den metafysiske, gnällige dumbommen aldrig kunde få. (29)

Madame Delatour dök upp runt hörnet, pekade oroligt på sin klocka och bad oss att komma ut. Jag hade hoppats att Lord Byron skulle läsa ännu en dikt, men var nyfiken på vad eller vem som väntade på oss utomhus.

Till slut gav nyfikenheten vika och vi vågade oss ut utanför prästgården. Där väntade en stor svart häst, vars man bläddrade som en scarf i vinden. Lord Byron hälsade på hästen och hoppade upp på dess rygg. Han tackade oss för att vi återförenat honom med hans "sanna kärlek" och klappade henne innerligt på sidan.

Q: Snälla, gå inte än. Det finns fortfarande tid för dig att recitera: "Hon vandrar i skönhet."

A: Mina damer, jag kommer verkligen att recitera den dikt ni har valt, men till ära för denna min stilige vän.

Lord Byron kramade sin sanna kärleks korpman. Hon svarade med ett "neigh" när han viskade:

HON GÅR I SKÖNHET

Hon går i skönhet, som natten

Av molnfria klimat och stjärnhimlar;

Och allt det bästa av mörkt och ljust

möts i hennes utseende och hennes ögon:

Så mildrad till det ömma ljuset

Som himlen till glänsande dag förnekar.

En skugga mer, en stråle mindre,

Hade till hälften försämrat den namnlösa grace

Som böljar i varje korplock,

Eller mjukt lyser över hennes ansikte;

Där tankar serenely sweet express

Hur rent, hur kärt deras hemvist.

Och på den kinden, och över den pannan,

Så mjuka, så lugna, men ändå vältaliga,

De leenden som vinner, de toner som glöder,

Men berätta om dagar i godhet tillbringade,
Ett sinne i fred med allt nedanför,
Ett hjärta vars kärlek är oskyldig! (30)
När han sa den sista raden sparkade han till hästens sidor och iväg for de i middagssolen. Vi kunde höra hovarna, klövarna klappra och Lord Byron sjunga något, medan de för alltid försvann från jorden.

För att ta reda på mer om Lord Byrons verk rekommenderar jag att du söker upp följande:

Childe Harold Pilgrimsfärd

Don Juan

Prometheus

Jag önskar att jag vore ett sorglöst barn

Allt för kärleken

Oh! Bortryckt i skönhetens blomning

Fare Thee Well

På denna dag fyller jag mitt trettiosjätte år!

Churchills grav

Rader när jag hörde att Lady Byron var sjuk

Skönhetens blomma

Så, vi ska inte gå mer på resande fot

Min själ är mörk

Mörkret

Strofer till musik

Fången från Chillon

En ande passerade framför mig

Ensamhet

Det finns inte en glädje världen kan ge

Sennacheribs förintelse

Rader inskrivna på en kopp formad av en skalle

Till Thomas Moore

Rader skrivna under en alm på kyrkogården i Harrow.

Jag hoppas att Lord Byrons intervju var väl värd att vänta på.

Wes gesund!

Cathy McGough

Din intervjuare av legendariska författare från bortom

BÖRJAN MED BAUDELAIRE

När Madame Delatour och jag träffades första gången, var Charles Baudelaires oväntade uppdykande en chock. Eftersom jag är skeptisk i själ och hjärta undersökte jag området för alla tänkbara trick. Jag gick runt Monsieur Baudelaire och skakade till och med hans hand för att vara säker på att han var verklig eftersom han dök upp ur tomma intet. Jag undrade om han var en skådespelare som spelade en roll, men insåg snart att så inte var fallet. För ja, han var den ende Charles Baudelaire, född i Paris, Frankrike, den 9 april 1821.

Efter vårt möte förklarade Madame Delatour mer i detalj om sin "gåva" till mig. Lyckligtvis för oss hade Madame Delatour börjat bära med sig en liten bandspelare i sin handväska för att spela in alla möten hon gjorde. Utan att jag visste det, när Monsieur Baudelaire gjorde sitt framträdande, sträckte hon sig ner i handväskan och aktiverade bandspelaren.

Kära läsare, ni kanske tycker att vi har gjort den här inspelningen olagligt genom att kränka monsieur Baudelaires rättigheter, eftersom han inte gav oss tillstånd att spela in hans röst.

Madame Delatour trodde att det skulle ha varit omöjligt att slösa bort viktig men begränsad tid på att förklara för herr Baudelaire vad en bandspelare var.

Vid tidpunkten för inspelningen kände jag inte till inspelningsapparaten, men jag stöder helt Madame Delatours beslut. Dessutom måste ni komma ihåg att Monsieur Baudelaire är död. (Må han vila i frid.)

För denna rekonstruktion kommer jag att använda Madame Delatours band i dag. Madame Delatour var bekant med Baudelaires verk eftersom han otvivelaktigt är en av Frankrikes mest inflytelserika poeter genom tiderna. Jag kände också till några av hans verk, men inte alla - det mest berömda är "Les Fleurs du Mal" (Ondskans blommor) som publicerades 1857. Alla inblandade - författare, förläggare och tryckare - åtalades och befanns skyldiga till obscenitet och hädelse. Sex dikter ströks från boken. (1)

Idag är dock "Les Fleurs du Mal" en av de mest frekvent utgivna böckerna i litteraturens värld. Den har översatts till många språk och läses över hela världen.

Medan vi väntar, hur kan vi fördriva tiden bättre än genom att läsa:

SKÖNHET

Jag är lika vacker, o dödliga! Som en dröm av sten,

Och mitt bröst, på vilket varje man sårats i tur och ordning,
Är gjort för att inspirera poeten till en kärlek
lika evig och stum som materia.
Jag presiderar i himlen som en missförstådd sfinx;
Jag förenar ett hjärta av snö med svanarnas vithet;
Jag hatar all rörelse, som förskjuter linjer,
Och jag gråter aldrig och jag skrattar aldrig.
Poeterna före mina stora poser,
som jag tycks låna från de stoltaste monumenten,
Kommer att förbruka sina dagar i stränga studier;
För jag har, för att fascinera dessa fogliga älskare,
Rena speglar som gör allting vackrare;
Mina ögon, mina stora ögon med sitt eviga ljus! (2)

Monsieur Charles Baudelaire anlände klädd i svart. Han kunde lätt ha misstagits för en begravningsentreprenör (eller ett lik). Hans ögon avslöjade hjärtat hos en man som hade levt ett svårt och ofta ensamt liv. Monsieur Baudelaire verkade genast veta att det var Madame Delatour som hade kallat honom att träffa oss vid Eiffeltornet och han gick mot oss med en känsla av förtrolighet.

Q: Vad är dina tankar om kritik?

A: Jag tror uppriktigt att den bästa kritiken är den som är underhållande och poetisk; inte den kalla matematiska som, under förevändning att förklara allt, varken visar hat eller kärlek och frivilligt befriar sig från varje spår av känsla; utan snarare - eftersom en vacker bild är naturen sedd av en konstnär - den kritik som är bilden sedd av en intelligent känslig själ. Därför skulle den bästa artikeln om måleri kunna vara en sonett eller en elegi. Men den sortens kritik är avsedd för poesiantologier och poesiläsare.

Monsieur Baudelaire tvekade, tittade på oss en kort stund och fortsatte sedan med:

Mina komplimanger till er två unga flickor angående er sminkning. Rött och svart symboliserar livet. De svarta linjerna ger djup och underlighet åt era uttryck, och åt era ögon ger de ett mer specifikt utseende av ett fönster som öppnar sig mot det oändliga; rouge, som färgar era höga kindben, ökar ännu mer ljuset i era ögonglober och ger till kvinnans vackra ansikte prästinnans mystiska passion. (3)

Q: Madame Delatour och jag rodnade och fnissade som unga skolflickor när vi frågade Monsieur Baudelaire om skrattets betydelse.

A: Barns skratt är som en blomma som slår ut i blom. Det är glädjen att ta emot, glädjen att andas, glädjen att öppna sig, glädjen att kontemplera, att leva, att växa. Det är glädjen hos en växt. Generellt sett är det mer som ett leende, något som kan liknas vid hundars viftande med svansen eller katters spinnande. Men lägg noga märke till att om barns skratt ändå skiljer sig från djurens uttryck för förnöjsamhet, så beror det på att skrattet inte helt saknar ambition. (4)

Q: Monsieur Baudelaire, skulle ni vilja läsa en av era berättelser för oss?

A: Jag erbjuder er en berättelse med en sensmoral. Berättelsen om:

DEN FATTIGE POJKENS LEKSAK

Jag vill förmedla idén om en oskyldig förströelse. Det finns så få tidsfördriv som inte är klandervärda. När du lämnar huset på morgonen med den bestämda avsikten att promenera längs huvudgatorna, fyll dina fickor med de billiga små uppfinningarna, som den platta hoppstången som manipuleras med ett enda snöre, smeder som slår på städet, ryttaren med en häst vars svans är en visselpipa, - och erbjud dem till de försummade och fattiga barn du möter framför restauranger där de står vid ett träd. Du kommer att se hur deras ögon blir omåttligt stora. Först kommer de inte att våga ta emot någonting. De kommer inte att tro på sin lycka. Sedan griper deras händer ivrigt tag i presenten och de springer iväg som katter som går långt bort från dig för att äta den bit mat du gav dem. Dessa barn har lärt sig att misstro människan.

På en väg, bakom järngrinden till en stor trädgård i vars ände man kunde se ett vackert slott upplyst av solen, fanns ett vackert barn med friska anletsdrag, klätt i dessa lantliga kläder som har så mycket prydhet.

Lyx, frihet från vård och den vanliga uppvisningen av rikedom gör dessa barn så charmiga att man skulle kunna tro att de är gjorda av ett annat ämne än barnen i en odifferentierad eller fattig klass.

Bredvid honom i gräset låg en praktfull leksak, lika vacker som sin ägare, lackerad, förgylld, klädd i en purpurfärgad dräkt och täckt med plymer och pärlor. Men barnet ägnade ingen uppmärksamhet åt sin favoritleksak. Det här var vad han tittade på.

På andra sidan järngrinden, på vägen, mitt bland tistlar och nässlor, fanns ett annat barn, smutsigt, bräckligt, sotigt, ett av dessa barnvakter vars skönhet ett opartiskt öga skulle kunna upptäcka om det, på samma sätt som en kännares öga gissar målningens ideal under en kroppslack, tvättade bort fattigdomens motbjudande patina från barnet.

Genom de symboliska stänger som skiljer två världar åt, huvudvägen och slottet, visade det fattiga barnet sin egen leksak för det rika barnet som girigt granskade den som om den vore ett sällsynt och märkligt föremål. Men denna leksak, som den lille ragamuffinen irriterade genom att skaka en trådlåda fram och tillbaka, var en levande råtta! Hans föräldrar hade utan tvekan fått leksaken från livet självt av ekonomiska skäl.När de två barnen skrattade broderligt åt varandra visade de tänder av liknande vithet. (5)

Madame Delatour och jag kippade efter andan eftersom tårarna rann nerför våra kinder. Monsieur Baudelaire blev rörd av vårt känsloutbrott och började recitera en dikt:

ALBATROSSEN
Ofta, som en underhållning, besättningsmän
Fånga albatrosser, enorma fåglar i havet,
som följer med, indolenta följeslagare på resan,

skeppet som glider över de salta djupen.

Så snart de har placerat dem på däck,

Dessa himlens kungar, obekväma och skamsna,

låter ynkligt sina stora vita vingar

Dra vid sina sidor som åror.

Denna bevingade resenär, hur gauche och svag han är!

En gång så stilig, hur komisk och ful han är!

En sjöman irriterar sin näbb med en pipstek,

Och mimar, när han haltar, den invalid som en gång flög!

Poeten är som molnens prins,

som hemsöker stormen och hånar bågskytten;

Förvisad på jorden mitt i hånet,

Hans gigantiska vingar hindrar honom från att gå. (6)

Madame Delatour lyckades ta sig samman, men allt jag kunde föreställa mig var den ensamma albatrossen med mitt huvud på dess kropp.

Q: Älskade du drama och i synnerhet teater?

A: I min barndom och än i dag är det vackraste jag ser på en teater ljuskronan - ett vackert lysande kristallint, komplicerat, cirkulärt och symmetriskt föremål. För mig har ljuskronan alltid framstått som huvudrollsinnehavaren, antingen sedd genom den stora eller den lilla änden av ett operaglas. (7)

Q: Du avgudade Edgar Allan Poes verk. Kan du förklara vad det var med hans författarskap som fascinerade dig?

A: Hos Poe är inledningen av varje stycke attraktiv utan våld, som en virvelvind. Hans högtidlighet överraskar och håller läsarens sinne alert. Redan i början känner man att det är fråga om något allvarligt. Och långsamt, gradvis, utvecklas en historia vars intresse beror på en omärklig avvikelse i intellektet, på en djärv hypotes, på en oförsiktig dosering av naturen i amalgamet av fakulteterna. Läsaren, som hålls kvar av yrsel, tvingas följa författaren i hans fascinerande slutledning. (8)

Tyvärr slutar bandet här. Jag minns att Monsieur Baudelaire tog sig för magen och kastade sig framåt för ett ögonblick och sedan blev genomskinlig.

Att återvända från var han kom verkade vara en smärtsam process, en process som han tydligt motsatte sig. Monsieur Baudelaire hade oavslutade affärer att ta hand om.

Han rörde sig mot kanten av Eiffeltornet tills vinden lyfte hans fötter från marken. Han bars sålunda över tornets kant och ut bland molnen. Han gjorde en piruett och tittade sig omkring medan han gav Paris en serie passionerade kyssar. Och sedan försvann han.

När jag nu ser tillbaka på det ögonblicket svär jag på att jag såg kyssarna ta form, sväva från tornets topp, allt lägre och lägre, tills brisen tog upp dem och förde dem vidare, nerför floden Seine, ut bland folkmassorna, till vem vet vart.

På vägen ner tog Madame Delatour och jag hissen. Detta var det första av många möten med legendariska författare från bortom.

Ni måste läsa Charles Baudelaires verk. Ni kommer inte att ångra det! Jag står fast vid följande:

Salong 1845/1946

Svart Venus

Ondskans blommor

Carrion

Till läsaren

Katter

Övermörkt

Vita Venus

Venus med gröna ögon

Artificiella paradis

Paris mjälte

Elevation

Invigning

Vägledande ljus

Även när hon går

De älskandes vin.

Au Revoir Mon Ami!

Cathy McGough

Din intervjuare av legendariska författare från bortom

SLUTSATSEN - INTE

K ära läsare,

   Tyvärr måste jag meddela att våra "Intervjuer med legendariska författare från bortom" nu har avslutats.

   Till er som har varit starka anhängare av denna bok från första början och som tidigare har läst utdrag ur den när den var i form av en kolumn vill jag tala direkt.

   Många av er har skrivit, ringt, mejlat och faxat oss och frågat varför inga kvinnliga författare finns med i den här boken.

   Innan jag går vidare - låt mig försäkra er, kära läsare, att jag försökte.

   På grund av Madame Delatours ganska flirtiga natur (för att inte tala om hennes status som singel) hade hon en mycket stark benägenhet att kontakta legendariska manliga författare från Beyond.

   Eftersom hon satt i förarsätet (så att säga) gick jag med på det, något motvilligt - i hopp om att en dag få henne att ändra sig. Tyvärr, oavsett vad jag sa eller gjorde - Madame skulle inte röra sig en tum.

För närvarande strejkar Madame Delatour och letar efter ett formellt organ som kan förhandla om hennes villkor, dvs. ett mediums/psykikers fackförbund. Än så länge finns det inget sådant, men jag har en känsla av att hon kan komma att starta ett sådant om jag inte går med på hennes villkor.

Vad är hennes villkor frågar du? Kontanter, helt enkelt. Madame Delatour ser medier där ute - sådana som inte har i närheten av de krafter som hon besitter. Ändå tjänar de miljontals dollar varje dag på TV. Madame Delatour skulle vilja ha en del av den kakan.

Låt mig påminna er om att jag som intervjuare inte får någon ersättning. Jag gör det enbart för kärleken till de författare som vi kan kontakta och intervjua. Det räcker med att säga att Madame Delatour och jag kommer att lösa något och när vi gör det kanske vi gör en annan intervju (eller två!)

Tack för att du delar med dig av våra intervjuer!

TTFN!

Cathy McGough (SKREV 2004)

Din intervjuare av legendariska författare från bortom

EN NY INTERVJU MED VOLTAIRE 2006

I morse vaknade jag och upptäckte att Intervjuer med legendariska författare från andra sidan inte var en avklarad affär. Det räcker att säga att Madame Delatour och jag har kommit fram till något efter att ha läst följande dikt som skrevs av François-Marie Arouet de Voltaire efter att en förödande jordbävning drabbade Lissabon på Alla helgons dag 1755, som utplånade 30 000 människors liv på bara sex minuter.

Madame Delatour har, efter att ha förklarat den nyligen inträffade tsunamikatastrofen, gått med på en intervju.

Medan vi väntar på hans ankomst, låt mig berätta om François-Marie Arouet de Voltaire som föddes den 21 november 1694 i Paris, Frankrike. Monsieur Voltaire var en satiriker som kämpade mot etablissemanget och använde sin penna som vapen.

Hans mest kända verk skrevs 1759, "Candide", och framförs än idag på teatrar över hela världen.

Voltaire blev 84 år gammal (dog i Paris den 30 maj 1778) och han var upplysningstidens ledare. Han slutade aldrig att skriva, ända till slutet, och lämnade efter sig över 14.000 brev och över tvåtusen böcker och pamfletter. (1)

Madame Delatour informerade mig om att Monsieur Voltaire var på väg. Jag inväntade hans ankomst med stora förväntningar.

När han en stund senare kom gående mot mig slogs jag direkt av hans ringa storlek. Han var klädd i en röd rock fodrad med vit hermelin, vita strumpor och svarta stövlar med silverspännen. Hans mest framträdande drag var hans leende med vilket han hälsade på mig. Han omfamnade mig sedan, som om vi vore gamla vänner, och började omedelbart sin recitation:

OM KATASTROFEN I LISSABON

(Eller en undersökning av axiomet "Allt är väl")

Olyckliga dödliga! Mörk och sörjande jord!

Förskräckt samling av mänskligheten!

Evigt dröjande av värdelös smärta!

Kom, ni filosofer, som ropar, "Allt är bra,"

Och betrakta denna ruin av en värld.

Skåda dessa strimlor och slagg av din ras,

Detta barn och denna mor, hopade i ett gemensamt vrak,

Dessa spridda lemmar under marmoraxlarna...

Hundra tusen som jorden slukar,
Som, sönderslitna och blodiga, ännu klappar,
Begravda under deras gästvänliga tak,
I plågsam plåga slutar sina drabbade liv.
Till dessa utdöende mummel av nöd,
Till det förfärliga skådespelet av elände,
Kommer du att svara: "Du illustrerar bara
De järnlagar som kedja Guds vilja"?
Säg, över den ännu darrande köttmassan:
"Gud är hämnad, syndens lön är döden"?
Vilket brott, vilken synd hade dessa unga hjärtan
tänkt ut?
som blödande och sönderslitna ligger vid moderns
bröst?
Hade fallna Lissabon djupare dricka av vice
Än London, Paris, eller solbelysta Madrid?
I dessa män dansar; vid Lissabon gapar avgrunden.
Lugna åskådare till era bröders vrak,
Orörda av denna motbjudande dödsdans,
Som lugnt söker orsaken till sådana stormar,
Låt dem bara surra din egen säkerhet;
Dina tårar kommer att blandas fritt med floden.
När jorden dess fasansfulla käftar halvöppna visar,
Min klagan är oskyldig; mina rop är rättvisa.
Omgiven av sådana grymheter av ödet,
Av ondskans raseri och av dödens snaror,
Framför elementens våldsamhet,
Delar våra sjukdomar, överge mig min klagan.
"Det är stolthet", säger ni. "Stolthet i ett rebellhjärta.

"Att tro att vi kan klara oss bättre än vi gör."
Gå, berätta det för Tagus drabbade banker;
Sök i ruinerna av den blodiga chocken;
Fråga de döende i sorgens hus,
Om det är stolthet som kallar på himlen för hjälp
Och medlidande för människors lidande.
"Allt är väl", säger ni, "och allt är nödvändigt."
Tänk om detta universum hade varit värre
Utan denna helvetiska klyfta i Portugal?
Är ni så säkra på den stora eviga orsaken..,
som vet allt, och för sig själv skapar,
Inte kunde ha placerat oss i detta trista klimat
Utan vulkaner sjudande 'neath våra fötter?
Sätter du denna gräns för den högsta makten?
Skulle du förbjuda den att använda sin mildhet?
Han tog en stund för att hämta andan och drack sedan en klunk vatten innan han fortsatte:
Vid ostadiga stunder i vårt smärtfyllda liv
Njutningens hand torkar bort våra tårar;
Men njutning passerar som en flyktig skugga,
Och lämnar ett arv av smärta och förlust.
Det förflutna för oss är bara en kärleksfull ånger,
Nuet är dystert, om inte framtiden är klar.
Om tanken måste sluta i gravens mörker,
Allt kommer att bli bra en dag-så går vårt hopp.
Allt är nu bra, är bara en tom dröm.
De visa bedrar mig: Gud ensam har rätt.
Med lågmäld suck, underkasta mig i min smärta,
Jag kastar mig inte mot försynen.

En gång sjöng jag, i mindre lugubrious ton,
De soliga vägarna för nöjes geniala regel;
Tiderna har förändrats, och, lärd av växande ålder,
Och delaktighet i mänsklighetens bräcklighet,
Söker ett ljus mitt i det fördjupade mörkret
Jag kan bara lida och kommer inte att ångra mig.
En kalif en gång, när hans sista timme hade kommit,
Denna bön riktad till honom vördade han:
"Till dig, ende och allsmäktige konung, bär jag
Vad du saknar i din omätlighet
Ondska och okunnighet, nöd och synd."
Han kunde ha lagt till ytterligare en sak - hopp. (2)
Voltaire och jag grät tillsammans för dem som gått förlorade och höll en tyst minut och sedan började vår intervju.

Q: Tyckte du om att gå i skolan?

A: Där lärde jag mig latin och nonsens. Jag var inte som andra pojkar på så sätt att jag inte deltog. Fäderna hos jesuiterna på Collège Louis-le-Grand gjorde många försök att övertala mig. Jag sa: var och en måste hoppa efter sitt eget huvud. De lämnade mig snart ensam. (3)

Q: Var det då du började skriva?

A: Jag skrev några verser då, verser som var tillräckligt lovande och originella för att dra till sig min lärares uppmärksamhet. En av dem, som tyckte mycket illa om mig, sade: "Häxa, du kommer en dag att bli deismens fanbärare i Frankrike." Denna bedömning hjälpte inte min brist på popularitet på skolgården. (4)

Q: Du studerade juridik 1711-13 och arbetade sedan som sekreterare åt Hollands ambassadör innan du bestämde dig för att ägna ditt liv åt att skriva?

A: Ah, ett beslut som jag aldrig ångrat. Tyvärr blev jag arresterad 1717, orättvist kan jag tillägga, och skickad till Bastiljen. Det är illa nog att bli arresterad och fängslad - men för ett brott som jag inte hade begått! Jag utnyttjade tiden genom att skriva min första pjäs: "Oedipe". Jag bytte namn till Voltaire.

När jag elva månader senare släpptes ur fängelset fick denna min första pjäs strålande recensioner när den sattes upp, vilket bevisar hur arbete kan rädda oss från tre stora onda ting: tristess, last och nöd. (5)

Q: Berätta hur det var att skriva med censuren sittande som en gam på din axel?

A: År 1723 kom ett påbud som löd "Inga förläggare eller andra får trycka eller omtrycka, någonstans i riket, några böcker utan att i förväg ha fått tillstånd genom brev förseglade med det stora sigillet." Officiella censorer var skyldiga att intyga att boken inte innehöll något som stred mot religionen, den allmänna ordningen eller den sunda moralen. Böcker som ansågs vara olagliga brändes och författare och tryckare dömdes till fängelse.

År 1757 utsattes Ludvig XV för ett mordförsök. Kaos utbröt och med det ett nytt edikt: "Dödsstraff utdömdes för alla som skulle dömas för att ha skrivit eller tryckt verk som syftade till att angripa religionen, angripa den kungliga makten eller störa ordningen och lugnet i riket." År 1764 granskades böcker, pamfletter och till och med förord. (6)

Q: Hur levde du när du visste att du när som helst kunde bli gripen?

A: Jag levde för att fly. Det gick inte ett ögonblick utan att jag tänkte på hur jag skulle komma undan, vad jag skulle göra om jag hörde att de sökte upp mig. Jag skrev anonymt för det mesta.

Q: Ändå visste de att det var du?

A: Att veta är en sak, att bevisa är en annan! Det var förbjudet att sälja mina verk, men de var ändå efterfrågade. Jag och andra författare skickade ut verk för tryckning i Amsterdam, Haag och Genève. Sedan smugglades de in i Frankrike och blev eftertraktade. Därav detta brev som jag skrev till tjänstemännen i juni 1733:

Eftersom det står i er makt, herrn, att göra bokstäverna en tjänst, ber jag er att inte vingklippa våra författare så hårt och att inte förvandla dem till hönsfåglar som, om de fick en start, skulle kunna bli örnar; rimlig frihet tillåter sinnet att sväva! (7)

Q: När skrev du dina filosofiska brev?

A: Efter att ha blivit landsförvisad lyckades jag hålla mig i skinnet i tre år och skrev essäer om episk poesi och inbördeskrigen i Frankrike, som publicerades 1727. Jag återvände till Frankrike och skrev pjäser, poesi, vetenskapliga avhandlingar och blev kunglig historiograf.

Mina "Filosofiska brev" - där jag jämförde det franska styrelseskicket med det engelska - gjorde att jag hamnade i blåsväder igen. Min bok förbjöds i Frankrike och jag var tvungen att fly. Den blev en bästsäljare i England. (8)

Q: Du var inte imponerad av Shakespeare?

A: Shakespeare stoltserade med ett starkt fruktbart geni. Han var naturlig och sublim men hade inte så mycket som en gnista av god smak eller kände till en enda regel i dramat. Jag skall nu våga mig på en slumpmässig, men samtidigt sann reflektion, nämligen att denna dramatiska poets stora förtjänst har varit den engelska scenens undergång. Det finns så vackra, så ädla och så fruktansvärda scener i författarens monstruösa farser, som kallas tragedier, att de alltid har visats med stor framgång.

Tiden, som ensam ger författarna rykte, gör till sist deras fel ärevördiga. De flesta av denna poets nyckfulla gigantiska bilder har genom tidens gång fått rätten att passera som sublima. De flesta av de moderna dramatiska författarna har kopierat honom: men de detaljer och beskrivningar som applåderas hos Shakespeare vädjas till hos dessa författare; och du kommer lätt att tro att den vördnad som denna författare hålls i ökar i proportion till det förakt som visas för de moderna. Dramatiska författare anser inte att de inte borde imitera honom; och den dåliga framgången för Shakespeares imitatörer ger ingen annan effekt än att han anses vara oöverträffad.

Shakespeares lysande monster har oändligt mycket större förtjusning än modernisternas förnuftiga bilder. Hittills har engelsmännens poetiska geni liknat ett tuvigt träd planterat av naturens hand, som kastar ut tusen grenar på måfå och sprider sig jämnt, men med stor kraft. Det dör om man försöker tvinga det till sin natur och beskära och klä det på samma sätt som träden i Marlis trädgård. (9)

Q: Ett problem i översättningen kanske?

A: Vi skrattar inte när vi läser en översättning. Om ni vill förstå den engelska komedin är det enda sättet att göra det att resa till England, tillbringa tre år i London, göra er till mästare på det engelska språket och gå på teater varje kväll. Jag har inte mycket nöje av att läsa Aristofanes och Plautus, och det beror på att jag varken är grek eller romare. Den finstämda humorn, allusionen, aproposet - allt detta går förlorat för en utlänning.

Ingenting är lättare än att på prosa återge alla de dumma oförskämdheter som en poet kan ha slängt ut; men det är en mycket svår uppgift att översätta hans fina verser. (10)

Q: Vilken roll spelar fantasin när man skriver poesi?

A: I poesi bör särskilt fantasin i fråga om detaljer och uttryck vara dominerande. Den är alltid angenäm, men där är den nödvändig.

I Homeros, Vergilius och Horatius är nästan allt bildspråk, utan att läsaren ens uppfattar det. Tragedin kräver färre bilder, färre pittoreska uttryck och sublima metaforer och allegorier än den episka dikten och oden; men större delen av dessa skönheter, under diskret och skicklig ledning, ger en beundransvärd effekt i tragedin; de bör dock aldrig vara forcerade, uppstyltade eller gigantiska.

Den aktiva fantasin, som konstituerar poeter, ger dem entusiasm, enligt det grekiska ordets sanna betydelse, den inre känsla som i verkligheten rör upp sinnet och förvandlar författaren till den personlighet som han presenterar som talare; ty sådan är den sanna entusiasmen, som består av känsla och bildspråk. En författare under detta inflytande säger exakt vad som skulle sägas av den karaktär han visar upp.

Mindre fantasi är tillåten i vältalighet än i poesi. Skälet är uppenbart - det vanliga talet bör vara mindre fjärran från vanliga idéer. Talaren talar allas språk, medan grunden för poetens framställning är fiktion. Följaktligen är fantasin kärnan i hans konst; för talaren är den bara ett tillbehör. (11)

Q: Monsieur Voltaire, vår tid närmar sig snabbt sitt slut. Har du tänkt på något ytterligare råd som du skulle vilja ge till författare i framtiden?

A: Ska jag ge er en ofelbar liten regel för vers? Här är den. När en tanke är rättvis och ädel återstår fortfarande något att göra med den: se om det sätt på vilket du har uttryckt den på vers skulle vara effektivt på prosa: och om din vers, utan rimets svängning, tycks dig ha ett ord för mycket - om det finns minsta fel i konstruktionen - om en konjunktion är bortglömd - om, kort sagt, rätt ord inte används, eller inte används på rätt plats, måste du dra slutsatsen att juvelen i din tanke inte är väl infattad. Var helt säker på att rader som har något av dessa fel aldrig kommer att läras utantill och aldrig läsas om: och de enda bra verserna är de som man läser och minns, trots sig själv. Det finns många av detta slag i ditt "Epistel" - rader som ingen annan i min generation skulle kunna skriva vid din ålder, sådana som skrevs för femtio år sedan. (12)

Q: Har du något råd till människan i allmänhet?

A: Sätt två människor på jorden, och de kommer bara att kalla det som är bra, rätt och rättvist för det som är bra för dem båda. Och om en av de fyra äter sin nästas kvällsmat eller slåss med eller dödar honom, kommer han med all säkerhet att uppvigla de andra mot honom. Och vad som är sant om dessa fyra män är sant om universum. (13)

Lär därför människorna att inte förfölja människorna, ty medan några få skenheliga humbugs bränner några få fanatiker, öppnar sig jorden och slukar alla likadana. (14)

Och vips var Monsieur Voltaire uppslukad och återvände dit han kom ifrån. Jag tänkte på tillståndet i världen idag och ledsen över vår brist på framsteg läste jag följande dikt högt:

FRÅN KÄRLEK TILL VÄNSKAP

Om du vill att jag ska älska igen,
Den lyckliga åldern av kärlek återställa;
Från vinets fria glädjeämnen och älskares bekymmer,
Den obevekliga tiden, som ingen människa skonar,
Uppmanar mig att snabbt dra mig tillbaka,
Och inte mer till sådan lycksalighet sträva.
Från sådan stränghet exakt,
Låt oss, om vi kan, något bra extrakt;
Vars sätt att tänka med denna ålder
Inte passar, kan aldrig anses vara en vis.
Låt livlig ungdom dess dårskaper gay,
Dess dårskaper älskvärd display;
Livet är begränsat till två ögonblick,
Låt en till visdom överlämnas.
Du söta illusioner av mitt sinne,
Fortfarande till min härskande passion snäll,
Som alltid gav en säker lättnad
Till livets noggrannaste följeslagare, sorg.
Ska du för evigt fly från mig,
Och måste jag glädjelös, vänlös dö?
Ingen dödlig e'er resignerar hans andetag
Jag ser, utan en dubbel död;
Den som älskar och ej mer älskas,
Hans olyckliga öde kan väl beklaga;
Livets förlust kan lätt bäras,
Utan kärlek är människan övergiven.
"Det var så dessa nöjen jag beklagade,

Som jag så ofta i ungdomen ångrade;
Min själ fylld med mjuk önskan,
Förgäves ångrade ungdomlig eld.
Men vänskap då, himmelska jungfru,
Från himlen steg ner till min hjälp;
Mindre livlig än den amorösa lågan,
Även om hennes ömhet är densamma.
Vänskapens charm jag beundrade,
Min själ var med ny skönhet eldad;
Jag gjorde sedan en i vänskapens tåg,
Men utan kärlek, klaga. (15)
Monsieur Voltaires hela samling är värd att läsa men kolla in dessa och snart kommer du att vilja ha mer!
Filosofisk ordbok
Candide
Micromegas
Till drottningen av Ungern
Zadig
L'Ingenu
Hänglåset
Vänskapens tempel
I lägret före Philippsburg den 3 juli 1734
Om Adrienne Lecourvreurs död, en berömd skådespelerska
Den vita tjuren
De engelska breven
Den okunnige filosofen
Henriaden: En dikt
Kritiska essäer om dramatisk poesi

Brev från M. de Voltaire till vänner
Till en dam som är mycket välkänd i hela staden
Azolan
Från kärlek till vänskap.
Adieu!
Cathy McGough
Din intervjuare av legendariska författare från bortom

OM FÖRFATTAREN:

Den flerfaldigt prisbelönta författaren Cathy McGough
bor och skriver i Ontario, Kanada,
med sin man, son, två katter och en hund.

ÄVEN AV:

FIKTION

Allas Barn

Ribbys Hemlighet

13 Korta Berättelser (som inkluderar; Paraplyet och vinden; Margarets uppenbarelse; Maskrosvin (finalist i READERS' FAVOURITE BOOK AWARD))

Plus Size Gudinna

ICKE SKÖNLITTERÄR BOK

103 Fundraising Ideas For Parent Volunteers With Schools and Teams (3RD PLACE BEST REFERENCE 2016 METAMORPH PUBLISHING)

+ Böcker och poesi för barn och unga vuxna

REFERENSER

INTRODUKTION

(1) The Pilgrim's Progress, The Religious Tract Society, Bouverie St. och 65 St. Paul's Churchyard, 1913.

KAPITEL I

(1) As You Like It, Hodder and Stoughton, odaterad.

(2) Sångtext av Jim Morrison, L.A. Woman, 1971

(3) Sångtext av Jim Morrison, Waiting for the Sun, 1968.

(4) Les Fleurs du Mal, The Casanova Society, London, 1925.

KAPITEL II

(1) One Hundred and One Famous Poems, The Cable Company, Chicago, Illinois, 1924.

(2) Tennyson, English Men of Letters, Macmillan, 1910.

(3) Alfred, Lord Tennyson Letters, Toronto: Macmillan Company of Canada, 1929

(4) Ibid.

(5) Bibliographies of Twelve Victorian Authors, The H.W. Wilson Comp., New York, 1936.

(6) Tennyson, English Men of Letters, Macmillan, 1910

(7) Ibid.

(8) One Hundred and One Famous Poems, The Cable Company, Chicago, Illinois, 1924.

(9) An American Anthology, Houghton, Mifflin and Company, The Riverside Press, Cambridge, 1900. .

(10) British Poetry and Prose, Third Edition, Volume II, Houghton Mifflin Company, Boston. 1938.

(11) Sångtext av Bono, All That You Can't Leave Behind, 2000.

(12) Days With The Poets, London, Hodder & Stoughton, Percy Lund, Humphries & Co. Ltd. Odaterad kopia.

(13) Ibid.

KAPITEL III

(1) An American Anthology, Houghton, Mifflin and Company, The Riverside Press, Cambridge, 1900.

(2-5) Edgar Allan Poe, Letters Till Now Unpublished, Lippincott, Philadelphia, 1925.

(6) One Hundred and One Famous Poems, The Cable Company, Chicago, Illinois, 1924.

(7) Edgar Allan Poe, Letters Till Now Unpublished, Lippincott, Philadelphia, 1925.

(8) Ibid.

(9) One Hundred and One Famous Poems, The Cable Company, Chicago, Illinois, 1924.

(10) An American Anthology, Houghton, Mifflin and Company, The Riverside Press, Cambridge, 1900.

(11) Ibid.

KAPITEL IV

(1) British Poetry and Prose, tredje upplagan, volym II, Houghton Mifflin Company, Boston. 1938.

(2) Ibid.

(3) Shelley i England: New Facts and Letters from the Shelley-Whitton Papers, 1917.

(4-6) Days With The Poets, London Hodder & Stoughton, Percy Lund, Humphries & Co. Ltd. Odaterad kopia.

(7) The English Poets In Pictures, Penns In The Rocks Press, William Collins of London, 1941.

(8) Ibid

(9) Days With The Poets, London, Hodder and Stoughton, Percy Lund, Humphries & Co. Ltd. Odaterad kopia.

(10) Ibid

(11) British Poetry and Prose, tredje upplagan, volym II, Houghton Mifflin Company, Boston. 1938.

(12) Ett försvar för poesin, P.B. Shelley, 1840.

(13) The Letters of Percy Bysshe Shelley, The Bodley Head, 1929

(14) An Anthology of World Poetry, Cassell and Company Ltd., 1929.

(15) Ibid.

(16) Essays and Letters by Percy Bysshe Shelley, Rhys, Ernest, odaterad.

(17) British Poetry and Prose, tredje upplagan, volym II, Houghton Mifflin Company, Boston. 1938.

(18) Percy Bysshe Shelleys brev, The Bodley Head, 1929.

(19) Ibid.

(20) A Defence of Poetry, P.B. Shelley, 1840.

(21) British Poetry and Prose, tredje upplagan, volym II, Houghton Mifflin Company, Boston. 1938.

KAPITEL V

(1) "No Thoroughfare", julnumret av All The Year Round, 3 december 1867

(2) Förordet till My Lady's Money, Alan Sutton Publishing Company, 1890.

(3) Wilkie Collins, juni 1870, förordet till "Man and Wife" Peter Fenolon Collier, Pub. Odaterad.

(4-7) Introduktion till "Hide and Seek", Oxford University Press, London, inget datum.

(8) Förord till den första utgåvan av The Moonstone, 1868

(9) Ibid

(10-12) "No Name" Harper and Brothers, New York, 1873.

(13) "Little Novels", Chatto and Windus, Piccadilly, London, 1887.

(14) "The Legacy of Cain", Donohue; Henneberry & Co, Chicago, odaterad utgåva

(15) From Sea to Sea and Other Sketches, Letters of Travel, Vol. 1, Doubleday, Page and Co, New York, 1925.

(16) Little Novels, Chatto and Windus, Piccadilly, London, 1887.

KAPITEL VI

(1) Memoir of Robert Burns, Frederick Warne and Co, Bedford Street, Strand, London, odaterad

(2) "Chandos Classics", The Poetical Works of Robert Burns, Frederick Warne and Co, Bedford Street, Strand, London, odaterad utgåva.

(3) Memoir of Robert Burns, Frederick Warne and Co, Bedford Street, Strand, London, daterad

(4-15) The "Chandos Classics", The Poetical Works of Robert Burns, Frederick Warne and Co, Bedford Street, Strand, London, odaterad utgåva.

KAPITEL VII

(1) Mark Twain's Letters, Harper, New York, 1917.

(2) Paine, Albert Bigelow. Mark Twain: A Biography (New York: Harper & Brothers, 1912.)

(3) Following The Equator, American Publishing Co, 1897.

(4) Ibid.

(5) The Adventures of Tom Sawyer, Grosset & Dunlap, 1920.

(6) The Innocents Abroad, H. H. Bancroft & American Pub. Co, San Francisco och Hartford, 1869.

(7) Letters of Mark Twain, Chatto & Windus, London, 1920.

(8) Pudd'n'head Wilson, Chatto & Windus, 1926.

(9) Ibid.

(10) Mark Twain skrev detta 1905, men det publicerades inte förrän efter hans död. Den

publicerades i Harper's Monthly i november 1916. Samma tidskrift hade refuserat det tidigare.

(11) Twain Brev till D.W. Bowser, 20/3 1880

(12) Connecticut Yankee in King Arthur's Court, N.Y. Pocketbooks, 1948.

(13) Letters of Mark Twain, Chatto & Windus, London, 1920.

(14) The Celebrated Jumping Frog of Calaveras County and Other Sketches, C. H. Webb, 1867.

(15) Brev till D.W. Bowser, 20 mars 1880.

(16) Harpers Monthly Magazine, 1909.

KAPITEL VIII

(1) A Day with Samuel Taylor Coleridge, Hodder and Stoughton, London, 1885

(2) Ibid.

(3) The Rime of the Ancient Mariner and Other Poems, Houghton Mifflin and Company, Boston, 1931.

(4) A Day with Samuel Taylor Coleridge, Hodder and Stoughton, London, 1885

(5) Ibid.

(6) Ibid

(7) Samuel Taylor Coleridge, Letters, Conversations and Recollections, Harper & Bros, 1836.

(8) A Day with Samuel Taylor Coleridge, Hodder and Stoughton, London, 1885.

(9) Charles Lamb & The Lloyds: Newly Discovered Letters Of Lamb, Coleridge, The Lloyds. Phila: Lippincott, 1899.

(10) The Rime of the Ancient Mariner and Other Poems, Houghton Mifflin and Company, Boston, 1931.

(11) Ibid.

(12) Ibid

(13) A Day with Samuel Taylor Coleridge, Hodder and Stoughton, London, 1855.

KAPITEL IX

(1) Nathaniel Hawthornes skrifter (The Writings of Nathaniel Hawthorne). Boston och New York: Houghton, Mifflin and Company, 1900

(2) Förordet till The Scarlet Letter, Ticknor, Reed and Fields, Boston: 1850.

(3-8) Famous American Authors, Vail-Ballou Press, Inc, Binghamton, New York, 1933.

(9) Living Biographies of Great Novelists, Garden City Publishing Co, Inc. 1943.

(10) Ibid.

(11) Living Biographies of Great Novelists, Garden City Publishing Co, Inc. 1943

(12) Ibid.

(13) Famous American Authors, Vail-Ballou Press, Inc, Binghamton, New York, 1933

(14) Ibid.

(15-19) The Scarlet Letter Preface, Ticknor, Reed and Fields, Boston: 1850.

(20-22) Engelska anteckningsböcker, Cambridge: Houghton, Mifflin and Company, 1889

(23-26) Förord till The Blithedale Romance, E.P. Dutton & Co, 1925.

(27) Passager ur Nathaniel Hawthornes engelska anteckningsböcker (1870)

(28) Ibid

(29) The Scarlet Letter, Ticknor, Reed and Fields, Boston: 1850

(30) Nathaniel Hawthornes skrifter (The Writings of Nathaniel Hawthorne). Boston och New York: Houghton, Mifflin and Company, 1900

KAPITEL X

(1) Stephen Leacock, Hellements of Hickonomics in Hiccoughs of Verse Done in our Social Planning Mill (New York: Dodd, Mead, 1936

(2) "Teaching School" The Boy I Left Behind Me, Doubleday, 1946.

(3) Ibid

(4) Ibid

(5) Stephen Leacock, Hellements of Hickonomics in Hiccoughs of Verse Done in our Social Planning Mill (New York: Dodd, Mead, 1936

(6) Min finansiella karriär. Litterära snedsteg: En bok med skisser. Montreal: Gazette Printing Co, 1910.

(7-14) "Teaching School": The Boy I Left Behind Me, Doubleday, 1946.

(15-17) Min upptäckt av England: Dodd, Mead & Co. 1922. Ibid

KAPITEL XI

(1) It Can Be Done, Poems of Inspiration, The Ryerson Press, Toronto, 1926.

(2-5) Something of Myself (For My Friends Known and Unknown), Doubleday, Doran & Co. Inc. 1937.

(6) American Notes, Henry Altemus, Philadelphia, 1899.

(7) Ibid.

(8) Rudyard Kipling's Verse, Hodder and Stoughton, London, 1928

(9) A Diversity of Creatures, Letters of Travel 1892-1913, Doubleday, Page and Co, New York, 1925.

(10-12) A Book of Words, tal vid Royal Academy Dinner, maj 1906.

(13) Something of Myself (For My Friends Known and Unknown), Doubleday, Doran & Co. Inc, 1937.

(14) Ibid.

(15) From Sea to Sea and Other Sketches, Letters of Travel, Vol. 1, Doubleday, Page and Co, New York, 1925.

KAPITEL XII

(1) David Copperfield, Illustrated Collins School Classics, odaterad

(2) Ibid

(3) En berättelse om två städer, New York: The MacMillan Company, 1921.

(4) The Unpublished Letters of Charles Dickens, Halton & Truscott Smith, London, 1927.

(5) The Letters of Charles Dickens, Chapman and Hall, London, 1880-82

(6) The Life of Charles Dickens, T. B. Peterson & Brothers, Philadelphia, 1870.

(7-9) Oliver Twist, F. M. Lupton, New York, 1895.

10) David Copperfield, Illustrated Collins School Classics, odaterad

(11) Ibid

(12) En berättelse om två städer, New York: The MacMillan Company, 1921.

(13-15) American Notes for General Circulation, Chapman & Hall, London, 1910.

(16) Letters and Speeches of Charles Dickens, Chapman & Hall, London, 1929.

(17) Heart Throbs in Prose and Verse, Chappel Publishing Co. Ltd., 1905.

(18) Charles Dickens brev och tal, Chapman & Hall, London, 1929.

KAPITEL XIII

(1) Dostojevskij Letters and Reminiscences, S. S. Koteliansky och J. Middleton Murry översättare. London, Chatto och Windus, 1923.

(2) Ibid.

(3) Notes from Underground, The Short Novels of Dostoevsky, Dial Press, 1945

(4) New Dostoevsky Letters, The Mandrake Press, London, odaterad utgåva.

(5-8) Dostojevskij: A New Biography, Houghton Mifflin and Co, 1931.

(9) The Insulted and the Humiliated Förord, Moscow Publishers, Moskva, 1957

(10) Dostojevskij: Letters and Reminiscences, Chatto and Windus, 1923.

(11) De besatta: The Heritage Press, New York, 1936.

(12) Notes from Underground, The Short Novels of Dostoevsky, Dial Press, 1945

(13) Letters and Reminiscences, Alfred A. Knopf, New York, 1923.

(14) Fjodor Dostojevskij. Harrison of Paris, 1931.

(15) New Dostoevsky Letters, The Mandrake Press, London, odaterad utgåva.

(16) Fjodor Dostojevskij, SCM Press, London, 1948.

(17) New Dostoevsky Letters, The Mandrake Press, London, odaterad utgåva.

(18) Dostojevskij: A New Biography, Houghton Mifflin and Co, 1931

(19) Dostojevskijs tal vid Society of Friends of Russian Literature, augusti 1880. Upptecknat i The Diary of a Writer.

(20) The Meek, The Eternal Husband and Other Stories, Macmillan, New York, 1923.

KAPITEL XIV

(1) John Keats the Complete Poetical Works and Letters, Houghton Mifflin, Boston, 1899.

(2-4) John Keats His Life and Poetry, Macmillan and Co. Ltd., 1917

(5) Letters of John Keats, Macmillan and Company, London, 1891.

(6) John Keats the Complete Poetical Works and Letters, Houghton Mifflin, Boston, 1899.

(7-8) Life, Letters and Literary Remains of John Keats, Edward Moxton, London, 1848.

(9) John Keats His Life and Poetry, Macmillan and Co. Ltd., 1917

(10) John Keats brev, 1817

(11) John Keats His Life and Poetry, Macmillan and Co. Ltd., 1917

(12) John Keats kompletta poetiska verk och brev, Houghton Mifflin, Boston, 1899

(13) Ibid.

(14) John Keats His Life and Poetry, Macmillan and Co. Ltd., 1917

(15) John Keats - Complete Poetical Works and Letters, Houghton Mifflin, Boston, 1899.

(16) John Keats Letters and Papers, Bodley Head, 1914.

(17) John Keats His Life and Poetry, Macmillan and Co. Ltd., 1917.

(18) Selections in English Literature, The Copp Clark and Co. Ltd., 1929.

(19) Life, Letters and Literary Remains of John Keats, Edward Moxton, London, 1848.

(20) John Keats the Complete Poetical Works and Letters, Houghton Mifflin, Boston, 1899.

(21) Ibid.

KAPITEL XV

(1) Borrowings, Dodge Publishing Company, New York, 1899.

(2) Poets' Homes, D. Lothrop Company, Boston, 1879.

(3) Preface to Evangeline, Thomas Y Crowell and Co, New York och Boston, 1899.

(4-6) Through the Year With Longfellow, De Wolfe, Fiske and Co, Boston, 1900.

(7) Poets' Homes, D. Lothrop Company, Boston, 1879.

(8) Longfellow Day By Day, Crowell, New York, 1906.

(9) Ibid.

(10) En amerikansk antologi, Houghton, Mifflin and Company, The Riverside Press, Cambridge, 1900.

(11) Heart Throbs in Prose and Verse, Chapple Publishing Company Ltd., Boston, 1905.

(12) Longfellow Day By Day, Crowell, New York, 1906.

(13) Poets' Homes, D. Lothrop Company, Boston, 1879.

(14) Borrowings, Dodge Publishing Company, N.Y., 1889

(15) Poeternas hem, D. Lothrop Company, Boston, 1879

KAPITEL XVI

(1) A. B. "Banjo" Paterson, A Book of Verse, Angus and Robertson, Australien, 1990.

(2-4) Happy Dispatches av A. B. Banjo Paterson, Lansdowne Press, 1934.

(5) Reminiscences, Sydney Morning Herald, februari/mars 1939.

(6) Ibid.

(7) Introduktion till Penguin Book of Australian Ballads.

(8) The complete Poetry of A. B. "Banjo" Paterson, Harper Collins Publishers, Australien, 1997.

(9) Looking Backward, Sydney Morning Herald, 1941

(10-12) The Magic of Verse, Angus and Robertson Ltd., 1970

KAPITEL XVII

(1) Henry David Thoreau, Unpublished Poems, Bibliophile Society, Boston, 1907

(2-5) Walden, Ticknor & Fields, Boston, 1854

(6) Henry David Thoreau, opublicerade dikter, Bibliophile Society, Boston, 1907.

(7-10) Walden, Ticknor & Fields, Boston, 1854

(11-14) Om plikten till civil olydnad, del 2.

(15) Walden, Ticknor & Fields, Boston, 1854.

(16) Ibid

(17) An Anthology of World Poetry, Cassell and Company Ltd., 1929.

(18) Walden, Ticknor & Fields, Boston, 1854.

(18) Ibid.

KAPITEL XVIII

(1) Lord Byrons brev och dagböcker, John Murray, London, 1833.

(2) George Gordon Byrons brev, brev till William Bankes, Southwell 6 mars 1807.

(3) Selections in English Literature, The Copp Clark and Co. Ltd., 1929.

(4) Lord Byrons dagboksanteckning den 14 november 1813.

(5) Byrons brev till John Murray, Riavennia, 30 juli 1821.

(6) Byrons brev till Thomas Moore, Pisa, 4 mars 1822

(7) Letters and Journals of Lord Byron, John Murray, London, 1833

(8) Lord Byrons dagbok, anteckning 17 november 1813.

(9) Poetry of Byron, Macmillan, London, 1881.

(10) Lord Byron's Select Works, Charles Daly, London, 1836.

(11) Childe Harold Introduction, London: Macmillan, 1904

(12) Ibid

(13) A Day With Byron, Hodder and Stoughton Ltd., odaterad

(14) Lord Byron's Journal, 14 november 1813.

(15) Poetry of Byron, Macmillan, London, 1881.

(16) Lord Byrons dagbok, 14 november 1813.

(17) Lord Byrons dagbok, anteckning den 17 november 1813.

(18) Lord Byron Brev till James Hogg, Albany, 24 mars 1814.

(19) Lord Byrons dagboksanteckning 15 oktober 1821.

(20-22) Letters and Journals of Lord Byron, John Murray, London, 1833.

(23) Childe Harold, London: Macmillan, 1904

(24-26) Childe Harold Introduction, London: Macmillan, 1904

(27) Lord Byrons dagboksanteckning, 17 mars 1814

(28) A Day With Byron, Hodder and Stoughton Ltd., odaterad.

(29) Ibid.

(30) Lord Byron's Select Works, Charles Daly, London, 1836.

KAPITEL XIX

(1-8) Les Fleurs du Mal, The Casanova Society, London 1925.

KAPITEL XXI

(1) Den bästa av alla möjliga världar: Romanser och berättelser av Voltaire, Vanguard Press New York 1929

(2) Tolerans och andra essäer av Voltaire. Översatt, med en introduktion, av Joseph McCabe (New York: G.P. Putnam's Sons, 1912).

(3) Den bästa av alla möjliga världar: Romanser och berättelser av Voltaire, Vanguard Press New York 1929

(4) Ibid.

(5) Darrow, Clarence S. Voltaire. En föreläsning, [Girard, Kansas: Haldeman-Julius. 1925.

(6) Voltaire The Writings of Voltaire NY: Wm.H. Wise, 1931

(7) Den bästa av alla möjliga världar: Romanser och berättelser av Voltaire, Vanguard Press New York 1929

(8) Darrow, Clarence S. Voltaire. En föreläsning. [Nr 829 i serien "Little Blue Book"] Girard, Kansas..: Haldeman-Julius. 1925.

(9) Brev om den engelska nationen. Westminster Press London 1926

(10) Darrow, Clarence S. Voltaire. En föreläsning, Girard, Kansas: Haldeman-Julius. 1925.

(11) Ibid

(12-14) Darrow, Clarence S. Voltaire. En föreläsning, Girard, Kansas: Haldeman-Julius. 1925.

(15) Valda verk av Voltaire, Watts och Co 1935.